그래도 인생은
고쳐 쓸 수 있어

일러두기
· 이 책의 성경 인용을 옮길 때는 개역개정 성서를 기준으로 삼았습니다.
· 옮긴이 주는 쪽 하단에 각주로 배치했습니다.

HITO WA KANARAZU, YARINAOSERU
ⓒ Tatsuya Shindo 2010
First published in Japan 2010 by KADOKAWA CORPORATION, Tokyo.
Korean translation rights arranged with KADOKAWA CORPORATION,
Tokyo through Tony International.

이 책의 한국어판 저작권은 토니 인터내셔널을 통한 KADOKAWA CORPORATION과의
독점 계약으로 도서출판 엉난에 있습니다.
신 저작권법에 의해 한국 내에서 보호를 받는 저작물이므로 무단전재와 무단복제를 금합니다.

그래도 인생은
고쳐 쓸 수 있어

신도 타츠야 지음 | **박영난** 옮김

너는 그들에게 말하라

주 여호와의 말씀이니라

나의 삶을 두고 맹세하노니

나는 악인이 죽는 것을 기뻐하지 아니하고

악인이 그의 길에서 돌이켜 떠나 사는 것을

기뻐하노라

이스라엘 족속아 돌이키고 돌이키라

너희 악한 길에서 떠나라

어찌 죽고자 하느냐 하셨다 하라

_겔 33:11

프롤로그

다음 날 눈을 뜨면 늘 오후 4시 무렵이었다. 자는 동안 약 기운이 떨어져서 자고 일어날 때마다 언제나 몸이 무거웠다.

움직임이 둔해진 몸에 기합을 넣고 침대에서 겨우 기어 나오면 나는 늘 내연녀에게 식사 준비를 시켰다. 식사를 마치면 환각제[1]와 주사기를 올려놓은 선반에 손을 뻗었다. 배를 채우고 나면 당장에 마약을 놓고 싶어진다.

자고 일어나서 맞는 첫 마약은 정말 잘 듣는다. 그 쾌감을 최대한 유지하려고 첫 약은 늘 진하게 만들었다.

바늘을 통해 흡수된 물이 환각제가 든 주사기 안으로 기세 좋

---

1 원서에는 환각제의 은어인 샤부(シャブ)로 표기되어 있음.

게 들어오면, 고운 입자가 물 안에서 눈가루처럼 아름답게 춤을 춘다. 그것을 바라보며 '오늘도 이 약과 함께 하루를 시작할 수 있다'는 나름 흡족한 기분을 온몸으로 만끽했다.

때론 빨리 맞고 싶은 조급함에 가루가 완전히 녹을 때까지 기다리지 못하는 날이 많았다. 참을 수 없이 다급해진 나는 약이 다 녹기도 전에 무서운 기세로 바늘을 혈관에 꽂기도 했다.

마약의 쾌감은 두피까지 솟구쳐 머리의 모공이 열리고 두발이 거꾸로 서는 것 같은 감각이 매번 전신을 휘감았다. 나는 그런 쾌감을 주는 마약이 너무 좋아서 죽을 것만 같았다. 약 없이는 살아갈 수 없다고 진심으로 생각했을 정도로 나는 마약에 중독되었던 것이다.

그러나 그러한 쾌락이 영원히 지속될 리 없었다.

마약으로 잠식당한 내 생활은 거칠어져 가기만 했다. 시간관념이 느슨해져 약속을 지키지 못하는 날이 많았고, 변명에 거짓말까지 더하게 되면서 나는 점차 신용을 잃어갔다.

당시 한 조직의 두목 아래 두목 대행이라는 묵직한 자리를 맡고 있었지만, 마약에서 빠져나오지 못해 결국 그 자리에서 쫓겨나고 말았다. 강등을 당해 설 자리를 잃은 나는 조직에서 도망치는 신세로 전락했다.

그때부터 같은 S조직에서 파가 달랐던 친구와 함께 뭉쳐 다니며 환각제와 대마, 코카인과 같은 마약의 밀매를 하면서 생계를 꾸리는 생활을 시작했다.

경찰 조사를 피하기 위해 나는 이곳저곳의 비즈니스호텔을 전전하는 나날을 보내게 되었다. 특히 빈번하게 이용했던 곳이 편리성과 안전성이 높은 이케부쿠로의 비즈니스호텔이었다.

어느 날, 3일 만에 애용하던 이 호텔로 돌아온 나는 신용대출로 입수한 100그램의 환각제를 소지하고 있었다. 체크인을 마치고 역 코인로커에 100그램의 환각제를 숨겨두고자 도보로 이케부쿠로 역으로 향했다.

다음 날 밤, 10그램의 주문이 들어와서 손님과 나는 각자의 차를 타고 심야에 이케부쿠로 역으로 갔다. 손님과 함께 한 대의 차를 타고 약을 가지러 갈 수도 있지만, 돌아오는 길에 같이 붙잡히는 일도 있기 때문에 마약밀매는 각자 다른 차로 움직이는 것이 관행처럼 되어 있다.

코인로커에 도착해서 손님에게 10그램의 환각제를 넘기고, 남은 90그램은 집으로 가져가기로 했다.

당시 나는 내연녀와 사이타마 현 소우카 시에 살고 있었다. 소우카는 도쿄와 인접해 있기 때문에 일반도로를 타고 가도 된다.

그러나 검문이 두려워서 평소처럼 수도 고속도로를 타고 돌아가기로 했다.

그런데 수도 고속도로를 탄 지 얼마 지나지 않아 어이없게도 타이어가 펑크로 파열되어버렸다. 거의 니혼바시 근처였는데, 할 수 없이 급하게 24시간 영업을 하는 주유소에 차를 맡겼고 손님이 소우카까지 데려다주기로 했다.

차를 맡긴 주유소에서는 내 행색을 보고 수상하게 생각했던 모양이다. 내가 손님의 차를 타고 사라진 뒤 곧장 경찰서에 신고를 했던 것이다.

주유소에 도착한 경찰은 차 안에서 내 명함을 찾아내 신원 조사뿐만 아니라 차량등록증도 조사한 듯했다.

나는 정말 멍청했다. 그 시점에서 설마 신고당한 줄은 꿈에도 생각하지 못하고 수일 후 아무런 의심도 없이 차를 찾으러 갔던 것이다.

그날 소우카 맨션에서 쉬다가 택시를 타고 파트너가 숙박 중인 이케부쿠로의 비즈니스호텔로 향했다. 파트너는 3주 전에 들여왔던 2킬로의 환각제가 이미 급히 팔려버려서 130그램밖에 남지 않았다고 했다. 빨리 처분된 기쁨에 들떠 우리 둘은 쾌재를 부르며 함께 니혼바시에 맡겨둔 차를 찾으러 나가기로 했다.

우리들은 호텔을 나가기 직전 작은 말다툼을 했다. 함께 차를 찾으러 나가는 것에는 문제가 없었지만 남은 130그램의 약을 호텔에 두고 갈지 아니면 가지고 나갈지의 의견 대립이었다. 신중파였던 나는 두고 갈 것을 주장했다. 그러나 이 호텔에 질려버렸다는 그는 오늘 밤엔 다른 곳에서 숙박하고 싶다며 가져가자고 했다. 결국 130그램의 약을 가지고 나가기로 내 쪽에서 타협하며 다툼은 정리되었다.

주유소에 도착한 우리들은 휴게실에서 한가로이 카페오레를 마셨다. 타이어 펑크는 이미 수리를 끝마쳤고 가솔린도 가득 채웠다. 그러다 이제 차를 타려고 휴게실 자동문을 연 순간, 순식간에 싸늘한 전율이 온몸을 타고 흘렀다.

'당했다!'

생각이 들었을 때는 이미 늦었고 우리는 사복, 제복을 합쳐 약 30여 명 이상의 경찰관들에게 둘러싸여 있었다.

지금 생각해보면 내 인생의 새로운 길이 열린 것은 경찰관들에게 포위되었던 바로 그 순간부터였다. 그때 이송된 구치소 안에서 나는 하나님의 말씀으로 구원을 받았고, 이전까지 살아왔던 삶과는 완전히 다른 새로운 인생을 걷게 되었기 때문이다.

인생에는 반드시 역전이 있다. 말 그대로의 경험을 나는 온몸으로 체험했다.

야쿠자에서 목사로의 변신, 그 역전이 나를 기다리고 있었다.

체포, 구류라는 고난의 한중간에서 하나님을 알게 되었고, 나는 새로운 인생의 첫발을 내딛게 된다. 그때의 고난은 나를 거듭나게 하시려고 하나님이 내게 보내주신 신호였던 것이다. 나는 지금 하나님이 나에게 해주신 모든 일에 끊임없이 감사한다.

> 고난 당한 것이 내게 유익이라
> 이로 말미암아 내가 주의 율례들을
> 배우게 되었나이다
> 주의 입의 법이 내게는
> 천천 금은보다 좋으니이다
>
> _시 119:71-72

교도소 안에서 목사가 되겠다고 결심을 한 나는 출소 후 'JTJ 선교신학교'에 입학했다.

이 신학교의 표어는 '언제라도, 누구라도, 어디에서라도'인데, 이 표어가 나에게 몇 번이나 힘을 실어주었는지 모른다.

만약 당신이 새로운 인생을 살고 싶다는 마음이 생긴다면 그것은 분명히 가능한 일이라는 것을 전하고 싶다. 회복해 나아가고 새로운 삶을 살고 싶은 마음에 조건은 따로 없다.

악으로 가득 찬 세상에 발을 들였고, 지옥으로 떨어질 일만 거듭하며 살았던 나 같은 사람도 지금은 영적인 정결함을 받아 천국을 소유한 마음으로 살고 있다.

지금 하나님의 은혜 속에서 평강한 나날을 보내고 있지만 사실 은혜 안에서 살게 된 지는 아직 10년 정도밖에 지나지 않았다. 그래서 그리 멀지 않은 과거의 야쿠자였던 내가 잘못된 인생을 어떻게 빠져나올 수 있었는지 고백해보려고 한다.

'이런 죄인도 구원을 받은 것인가. 그렇다면, 나도 구원받을 수 있다!'

한 명이라도 이러한 생각을 하고, 좀 더 많은 사람들에게 새로 태어나기 위한 첫발을 내딛는 계기가 되어준다면 나로서는 이보다 더 기쁜 일은 없을 것이다.

차례

프롤로그 ··· 005

제1장 소년 시절의 타츠야

휘황찬란한 밤의 도시	··· 018
홀로 지내던 외로운 밤들	··· 021
비행의 길	··· 024
불량 중학생	··· 028
학원에서 만난 그녀	··· 033
짧은 고등학교 생활	··· 037
니시가와구치에서의 아르바이트	··· 040
야쿠자의 세계	··· 044
소년 야쿠자	··· 048
체포당한 18세 야쿠자	··· 051
야쿠자의 일상	··· 054
사이타마 현 경찰서와 경시청의 차이	··· 057

제2장 야쿠자와 징역살이

우라와 구치소 생활	… 064
실형 2년 4개월	… 068
마츠모토 소년교도소와 징벌	… 071
출소 후 다시 찾은 야쿠자 조직	… 076
결혼, 그리고 파탄	… 079
도피생활과 두 번째 징역	… 083
아키타 교도소	… 086
조직에서 밀려난 야쿠자	… 089

제3장 예수 그리스도와의 만남

경찰 조사와 교도소행	… 098
스즈키 목사님에게 보낸 편지	… 102
나는 새로 살고 싶다	… 105
이 하나님은 틀림이 없다!	… 109
세 번째 교도소 생활	… 112
야쿠자와 크리스천 사이	… 116

제4장 전직 야쿠자 신학생

출소 후 새로운 출발	… 124
야쿠자 형님과의 전화	… 131
두목을 찾아가서 한 사죄	… 137
세상의 장벽	… 140
교회 숙식 생활과 갱생하우스	… 144
야쿠자와 크리스천의 공통점	… 151
JTJ 선교신학교 입학과 열등감	… 153
은사 나카노 목사님과의 만남	… 158
라면친목회와 힘겨운 아르바이트	… 161
죽음의 기로에 선 친구	… 165
헤어진 자식과의 재회	… 168
수치스러운 과거가 무기가 되다	… 171
교회를 세우다	… 176

제5장 죄인의친구주예수그리스도교회

예배 시간은 오후 2시 반	… 184
교도소 전도	… 189
교도소에서 온 편지	… 193
유혹을 이기는 그리스도 의존병	… 198
이곳에서 만나는 일은 이제 그만합시다	… 203
체포는 하나님의 은혜	… 208
아버지의 자살	… 214

제6장 문신 목사의 전도

눈앞만 보면 안 된다	… 222
죄의 유혹과 전도의 무기	… 225
모든 우연에 하나님의 계획이 있다	… 228
성경에는 대역전극이 넘친다	… 231
미움으로부터의 자유	… 238
평화를 이루는 자	… 242
교회를 찾아오는 다양한 사람들	… 247
교도소 강연의 소망	… 254
교도소 전도가 가져다준 기적	… 256
무기징역인들의 친구	… 259
죄인들을 줄이기 위해서는	… 263
에필로그	… 267

휘황찬란한 밤의 도시

홀로 지내던 외로운 밤들

비행의 길

불량 중학생

학원에서 만난 그녀

짧은 고등학교 생활

니시가와구치에서의 아르바이트

야쿠자의 세계

소년 야쿠자

체포당한 18세 야쿠자

야쿠자의 일상

사이타마 현 경찰서와 경시청의 차이

(제1장)

소년 시절의 타츠야

휘황찬란한
밤의 도시

───── 도심에서 JR을 타고 북쪽을 향해 10여 분 정도 달리면 전철은 아라카와의 철교를 지나간다. 그 철교를 건너 5~6분 정도 더 달리면 니시가와구치 와라비 지역에 도착한다.

1970년, 나는 이곳에서 태어나 자랐고 현재에도 살고 있다.

'니시가와구치'라는 곳은 예로부터 관동 지역 일대에서는 상당히 유명한 유흥가로 알려진 곳이다. 최근이 되어서야 현에서 강한 규제를 시행시켜 과거의 흥청망청 유흥이 사라진 듯 보이나, 10여 년 전까지는 아무튼 시끌벅적 요란스러운 곳이었다.

날이 저물어 가면 살롱이나 카바레 등의 네온사인 불이 하나둘 켜지고 거리는 대낮 같은 밝기를 회복한다. 우리 동네 아이들은 그런 광경을 눈으로 보면서 성장해나간다.

밤거리였던 지역 특성상 근처에는 야쿠자들도 많았다.

야쿠자라 해도 우리 주변에 살았던 야쿠자들은 인근 주민들이 싫어하는 존재가 아니었다. 내가 어릴 적에는 이웃과의 사귐이 지금보다는 훨씬 친밀했고, 오래전부터 사귀었던 이웃이 야쿠자라고 해서 두려워하거나 불편하게 느끼는 일은 없었다. 그들 역시 일반 사람들을 자신들의 세상으로 끌어들이는 행동은 하지 않았고, 반대로 지역의 자경단[1]과 같은 존재로서 동네를 지켜주며 함께 살았다.

나의 부모님은 평범한 사람들이었지만, 우리 집에도 근처 야쿠자 아저씨가 자주 놀러 오곤 했다. 특히 M조직 간부를 하던 히시마 아저씨네 집과는 가족처럼 지냈고, 그 집 딸은 우리 집에 놀러 오면 "어른이 되면 닷짱한테 시집갈 거야"라는 말도 자주 했었다. (지금 그녀는 결혼하여 한 아이의 어머니로 고베에 살고 있다. 훗날 그 히시마 아저씨와는 내가 S조직 야쿠자가 된 후 재회를 하게 되는데, 소속된 조직과는 상관없이 '조카' 같은 대접을 받으며 어릴 때와 다름없는 사랑을 받았다.)

이러한 지역적 환경 속에서 성장한 유소년기의 나는 야쿠자

---

[1] 지역 주민들이 도난이나 화재 따위의 재난에 대비하고 스스로를 지키기 위하여 조직한 민간단체.

아저씨들로부터 자연스럽게 트럼프나 오이쵸카부[2]와 코이코이 같은 화투 도박을 배웠고, 젊은 야쿠자들과 연을 날리기도 하는 등 자주 함께 시간을 보냈다.

인정미가 넘쳤던 그들을 나는 정말 좋아했다. 이러한 영향도 커서 나는 야쿠자에 대한 저항감을 전혀 느끼지 못하며 성장해 나갔다.

---

2 고스톱 같은 화투 놀이의 하나.

홀로 지내던
외로운 밤들

───── 나의 아버지는 '노무라 류타로'라고 하는 가고시마 현 출신의 진정한 한량이었다. 노는 것에 호탕했고 아이들에 대해서도 사실 관대한 사람이었다.

지금은 '신도'라는 어머니의 성씨를 따르고 있지만 어린 시절 내 성은 '노무라'였다. 이런 연유로 옛날부터 알고 지내던 사람들과는 노무라로 통하는 게 편하다.

아버지는 중화요리 전문점의 홀 지배인으로 오랫동안 근무했었고, 중화요리 업계에서는 꽤 얼굴이 알려진 인물이었다. 아버지를 의지하던 요리사나 레스토랑 경영자 지인들도 많았었는데, 아무튼 인간관계의 폭이 넓었던 사람이었다.

좋은 사람이었던 것은 틀림이 없으나, 결점을 말하자면 무엇보다 지나치게 술을 마신다는 점이었다. 거의 매일 밤 술에 취해 다녔고, 저녁에 집에 있는 날이 거의 없었다.

매일 술만 마시고 다니는 아버지로 인해 가계는 기울어져 갔다. 경제적인 이유로 어머니가 밤에도 일하러 나가게 된 것은 내가 초등학교 4학년 무렵이었다.

형제가 없었던 나는 밤이 되면 홀로 남는 외로움을 견딜 수가 없었다. 그럴 때 도움이 되었던 것은 동네 친구들이었다.

지역 특성이라고 말할 수 있겠지만, 내 주위에는 편부모나 맞벌이 가정이 많았다. 게다가 우리 집처럼 밤에 일을 나가는 어머니가 있는 동급생도 드물지 않았다.

지금도 그리 변한 것이 없으리라 여겨지지만, 밤거리 주변에 사는 많은 아이들이 매일 밤 어머니에게 해드리는 공통적인 일이 있다. 그것은 밤일을 나가는 어머니를 위해서 드레스 등의 지퍼를 올려주는 일이다. 나도, 친구들도, 화려한 드레스로 몸을 감싼 어머니의 등을 바라보면서 성장했던 것이다.

홀로 남은 밤의 외로움을 달래기 위해 부모가 집에 없는 아이들은 모여서 밤늦게까지 놀았다. 당시 샤워실이 없는 목조 아파트에 살던 친구들이 많아서, 그들과 함께 목욕탕을 다니며 오는 길에 그들의 집을 들르거나 게임 센터를 드나들며 살았다.

잠도 못 자고 일하며 날 키워주는 어머니를 한없이 사랑하는 한편, 충족되지 못한 결핍된 마음을 같은 처지의 친구들과 함께 나누며 보상받으려 했었는지도 모른다.

밤늦도록 친구들과 함께 노는 것은 즐거운 일이었지만 저녁에는 엄마 곁에 있고 싶었다. 부모가 곁에 없었던 외로움 탓일까, 점차 내 마음은 불안정한 날이 많아졌다.

내가 무언가 나쁜 짓을 하면 주변 사람들은 부모의 사랑을 못 받아서 그렇다고 말했다. 사실 그 말대로 나는 엄마에게 응석을 부리고 싶은 마음으로 넘치고 있었다. 그런데 너무나도 일그러진 내 마음은 절대로 그 점을 인정하려 들지 않았다.

나는 점점 내 불량함의 원인이 부모의 애정이나 외로움 탓으로 여겨지는 것에 큰 반발심을 느끼게 되었다. 그런 지적을 받을 때마다 필요 이상으로 더 반발했고, 더 나쁜 짓을 저지르는 아이로 자라고 있었던 것이다.

비행의 길

───── 초등학교 고학년으로 올라갈 무렵, 주위에는 나와 비슷한 처지의 동급생들이 10명 가까이 있었다. 중학교에 들어갈 때쯤에는 그 수가 배로 늘어났다. 비슷한 그들과 패거리를 만들고 행동하면 무적으로 강해지는 느낌이 들었다. 언제부터인가 우리들은 우리의 힘을 과시하는 일이 자기표현의 가장 효과적인 수단이라고 여겼다.

그런 우리들이 본격적인 비행의 길로 접어든 것은 중학교 1학년 무렵부터이다. 초등학교 때부터 사이가 좋았던 O군을 중심으로 일진 선배들의 흉내를 내가며 비행의 길에 발을 들이고 있었다.

우리들은 힘을 시험해보려고 '원정'이라는 이름으로 다른 중학교로 가서 싸움을 걸고 다니곤 했다. 혈기 왕성하게 출격은 했지만 무슨 원한이 있어서 싸움을 건 것은 아니었다. 마지막에는 그쪽의 불량 패거리들과 사이좋게 어깨동무하는 경우도 많았다. 마음을 트고 이야기를 나누다 보면 상대 쪽 불량 패거리들도 우리들과 마찬가지의 처지를 가진 아이들이었다. 결국 외로움을 타는 아이들의 패거리 모임은 점차 커져만 갔다.

우리 중학교에서는 2년 위 선배들이 특히 날뛰고 다녔다. 학교에 하얀색 날라리들의 바지를 입고 통학하는 모습은 보기에도 악동 그 자체였다.

당시 중학교 바로 근처에는 'S다방'이라는 곳이 있었는데, 이곳이 우리 중학생이나 동네 고등학생들의 아지트가 되었다.

S다방의 테이블은 다 마작기나 화투 게임기였다. 50엔으로 놀 수 있었고, 이기면 돈으로 환전도 해주었다. 지금은 절대 생각도 할 수 없는 일이지만 S다방은 중학생이나 고등학생들에게 게임 도박을 시켜주는 곳이었다.

S다방 말고도 비슷한 성격의 '후지빵'이라는 빵집도 있었다. 학교 뒤편에 있던 이 가게도 S다방과 나란히 불량 학생들의 아지트 장소로 유명했다. 이곳에도 게임기가 놓여 있었는데, 나는 마작 게임이나 화투 게임을 하면서 도박에 익숙해져 갔다.

후지빵은 시간을 때우기에 정말로 편한 곳이었다. 50엔으로 구입할 수 있는 메달 하나로 후지빵에서 팔고 있는 여러 종류의 빵을 다 사 먹을 수 있었다. 야키소바빵도 피자빵도 다 50엔으로 샀고, 게임 역시 50엔의 메달로 할 수 있었다.

나는 거의 그러지 않았지만, 약한 애들한테 돈을 빼앗고 갈취한 돈으로 게임을 하거나 빵을 사 먹는 친구들도 있었다. 때로 담배가 피우고 싶다고 말하면 선배가 세븐스타[3]를 획 던져주었다. 이런 환경에 몸을 담근 내 생활은 흐트러져 갈 뿐이었다.

가끔은 소소한 사건도 일어났다. 어느 날, 다른 지역권 학교에 있는 게임 센터에서 우리 중학교 학생이 이웃 중학교 무리들에게 갈취를 당한 것이다. 달리 부탁받은 일도 없었는데, 소란을 피우고 싶어 몸이 근질거렸던 우리들은 이웃 중학교로 복수 원정을 가기도 했다.

그러나 당시 우리들은 아직 아이들이었다. 패기 있게 이웃 중학교로 쳐들어갔지만 상대편 불량 그룹 아이 중에 유치원 때부터 사이가 좋았던 녀석이라도 껴 있으면, "넌 왜 여기 있는 건데?"라며 반갑고도 어정쩡한 인사를 나누곤 사이좋게 건들거리

---

3 담배 상품명 중 하나.

며 돌아오는 그런 정도였다. (이때 재회했던 어릴 적 친구는 훗날 내가 신주쿠에서 야쿠자를 할 때 우리 조직으로 끌어들이기도 했다. 그 중학교의 짱으로 알려진 쌍둥이 형제가 있었는데, 그들도 훗날 야쿠자가 되어 지금도 변함없이 똑같이 생긴 얼굴로 같은 조직에서 야쿠자 생활을 하고 있다.)

그렇게 비슷한 처지의 아이들은 어느새 비슷한 길을 따라 걷고 있었다.

불량 중학생

───── 중학교 2학년에 올라갔을 때 20명 정도 있었던 우리 불량 서클이 무슨 이유에서인지 균열이 생기기 시작했다. 평상시라면 함께 뭉쳐 지내던 우리들이었지만, 홀로 남게 되면 상대편 그룹에 속한 5명 정도의 아이들에게 둘러싸여 시달리기 일쑤였다. 그런 날들이 거듭되었고, 그 후 그들은 다른 학교의 불량 서클과 연계하여 'K그룹'이라는 폭주족을 만들어서 뭉쳐 다녔다.

  나는 친구들이 둘로 쪼개져서 서로 반목하는 모습을 보는 것이 너무 싫었다. 그래서 얼마 동안 불량 그룹에서 빠져나와 그때까지 입고 다녔던 날라리 바지 대신 평범한 바지로 갈아입고 학교를 다니기 시작했다.

이런 식으로 성실하게 학교를 다니려고 마음먹었지만, 그때까지 몸에 밴 올빼미 생활을 고치는 것은 쉬운 일이 아니었다. 등교 시간에 맞춰 학교에 가고 싶은 의욕이 있어도 도저히 일찍 일어나기가 어려웠다. 불량 그룹에서 빠져나온 것은 좋은 일이었지만, 지각하는 날이 비일비재했던 것이다. 점심때가 되어도 일어나지 못해 아예 학교를 빠지는 날도 있었다.

지각이나 땡땡이만 쳤기 때문에 동급생들의 장난으로 학급 임원으로 뽑힌 적도 있었다. 결국 학급임원회에 한 번도 나가지 못한 임원으로 나는 교내에서 유명한 사람이 되었다.

올빼미 생활을 개선시키지 못한 채 3학년으로 올라갔다. 한때는 성실한 중학생이 되어보겠다는 생각도 있었지만 그 결심은 오래가지 못했고, 다시 불량 친구들과 어울리며 함께 불량 중학생으로 학교생활을 보내게 된 것이다.

우리 집은 어머니가 밤에 일을 하러 나갔고, 아버지는 늘 술에 취해 집에 돌아오지 않았기 때문에 나는 평일 저녁에 어머니가 저녁 장사를 하던 '엔도'라는 친구 집에 가서 밤늦게까지 놀았다. 그리고 주말이 되면 이번에는 우리 집이 친구들의 아지트 장소가 되었다. 어머니도, 아버지도, 일정이 바뀌지 않는 한 돌아오지 않았기 때문에 우리 집은 아지트로 아주 편리했다.

우리 후배 중에 당시 중학생들에게 인기가 있었던 〈저녁노을 냐웅냐웅〉이라는 프로그램에 나오던 녀석이 있었다. 넉살 좋은 아이라 부리고 놀리기에 좋았던 그 녀석에게 여러 가지 장난을 치며 음료수나 과자 등을 사 오게 시켰다. 어떤 땐 벌칙 게임이라고 적당하게 둘러대고 물에 녹은 담뱃진을 후배에게 핥으라고 시키기도 했다. 그런 끔찍한 장난들을 즐기며 우리는 행복을 느꼈던 것이다.

학교 안에서도 어처구니없는 짓들을 저지르고 다녔다.

중학교 1학년 때부터 친했던 무리 중에 '바곤(burgon)'이라는 별명을 가진 친구가 있었다. 약국집 아들이었던 바곤은 우리들 중에서 가장 윤택한 도련님이었다.

약국을 하는 바곤의 집에는 늘 콘돔이 있었다. 우리는 그것을 마음대로 학교에 가져와 안에다 물을 넣고 교실 입구에 걸어서 콘돔 커튼을 만들어놓았다. 콘돔 커튼을 만들 때는 어김없이 여교사의 수업 전이었다. 우리들은 교실에 들어오는 여선생님들의 반응을 보면서 즐거워했다.

학교를 땡땡이치고 T나 O라는 친구 집에 모여서 자주 마작도 했다. 나중에는 학교를 너무 빠져서 선생님이 찾아왔었다. 혼내지 않을 테니 학교에만 오라고 타일렀지만, 혼을 낸다고 겁을 집어먹을 내가 아니었다. 선생님들이 아무리 집을 찾아와 달래도 그들의 말에 귀를 기울일 생각은 일체 없었다.

한 번은 기술 수업 시간에 점잖은 선생님을 울린 적도 있다.

E선생님은 정년을 눈앞에 둔 조용한 사람이었다. 이분은 우리들뿐만 아니라 다른 학생들도 대부분 우습게 여겼다. 선생님도 그 점을 충분히 알고 있었고, 우리들이 무슨 짓을 하든 주의조차 주지 않고 넘겼다.

그러던 어느 날, 우리들은 평소대로 뒷자리에 모여 앉아 후지빵에서 구입한 과자를 나눠 먹으며 카세트 라디오를 켜놓고 잡담을 나누고 있었다. 교단 위에서는 E선생님이 무언가를 열심히 설명하고 있었는데, 카세트 라디오 소리가 너무 커서 무슨 말을 하는지 들리지도 않았다.

그러다 수업 중 너무나 심심해진 우리들은 E선생님께 장난을 치려고 작당을 했다.

일제히 교단을 향해 달려나가 선생님을 꼼짝도 못 하게 뒤로 붙잡았다. 그리곤 한 명이 허리 벨트 쪽으로 손을 뻗어 선생님이 입고 있던 바지와 팬티를 벗기려고 했다.

E선생님은 격하게 저항했지만 이쪽은 5~6명이었다. 주위에는 이런 미친 짓을 말리려는 용기 있는 동급생들도 없었다.

선생님은 격한 저항에도 불구하고 학급 전원이 보는 앞에서 하반신을 그대로 드러내 보이게 되었다.

 우리들이 E선생님을 놓아주자 그는 자신의 속옷을 더듬어 찾으며 필사적으로 사타구니를 가리려고 했다. 그의 어깨는 떨렸고 낮은 울음소리가 교실 안에 울렸다.

 지금 생각해보면 얼마나 잔혹했던 일이었는지 온몸에 소름이 끼칠 정도지만, 당시의 우리들은 특별한 감정 없이 '한심한 선생'이라 여길 정도로 무지했다.

 혹시라도 E선생님과 재회하는 날이 오면 진심으로 사죄를 드리고 싶다. 그러나 아무리 사죄를 드린다고 해도 그때 빼앗겨버린 선생님의 자존심을 되찾아 드릴 수는 없을 것이다. 그 일을 떠올리면 지금도 나는 강한 죄악감에 사로잡힌다.

학원에서 만난 그녀

─────── 중학교 3학년 여름이 되자 주위 동급생들은 앞으로의 진로에 신경을 쓰기 시작했다. 될 대로 되라는 식의 생활을 하던 나였지만, 그래도 한 사람 몫의 장래의 일을 생각하지 않을 수는 없었다.

중학생들은 겉은 어른처럼 보이나 속 알맹이는 어린아이 그대로인 존재들이다. 나의 머릿속에도 응석받이 같은 생각밖에 없었고, 그저 단순히 일하고 싶지 않다는 이유로 고등학교 진학을 생각하고 있었다.

감사하게도 부모님은 당시 계속 일하고 계셨다. 그 때문에 경제적으로는 문제가 없었고, 내가 고등학교에 가려고만 하면 진학은 가능했다.

그러나 금전적으로는 문제가 없었지만 한심스럽게도 나는 학업의 문제를 안고 있었다. 내 학업 성적으로 진학할 수 있는 학교는 몇 안 되었다. 학업 성적이 나쁜 것에 더하여 내신도 엉망이었던 것이다.

애초부터 나는 아침 방송인 〈룩, 룩, 안녕하세요〉를 보고 나서 학교로 향하는 나날을 보내고 있었다. 내가 특히 좋아했던 것은 나베 오사미가 사회를 보던 〈여자들의 목소리 자랑〉이라는 수요 명물 코너였다.

매일 아침 이 프로그램을 빼놓지 않고 본 후 집을 나섰기 때문에 학교 등교 시간은 늘 10시 반, 아니면 11시가 된다. 정말 말도 안 되는 불량 중학생이었던 것이다.

학교를 늦게 가는 이유가 비단 늦잠이나 텔레비전 때문만은 아니었다. 실은 여러 사람들 앞에서 눈에 띄고 싶었던 욕구도 있었다.

우리 중학교 건물은 조금 특이한 구조를 하고 있었는데, 복도라는 공간이 없었다. 지금은 일반적인 구조로 바뀐 모양이지만 당시는 그냥 오래된 건물로 베란다가 복도 역할을 하고 있었다. 그래서 3학년이 교실로 갈 때는 1학년과 2학년 교실 앞을 지나야만 자신들의 교실로 들어갈 수 있었다.

그 때문에 얼마 동안 입지 않고 넣어두었던 날라리 바지는 진작 부활시켰다. 날라리 바지와 여름 스웨터를 입고 느긋하게 베란다를 걷고 있으면 "이야~ 노무라 선배 옷 좀 봐, 저렇게 입고 이제 등교하네" 하고 후배들로부터 단숨에 주목을 받는 것이다. 나는 이런 쾌감이 견딜 수 없게 좋았다.

이런 생활 태도였던 나의 내신 점수가 나쁜 건 당연한 일이었다. 나와 막상막하의 생활을 하던 친구들은 진작부터 일반 고등학교 진학을 포기하고 야간학교 진학이나 취직으로 마음을 정하고 있었다. 그래도 나는 일반 고등학교 진학을 포기하지 않았다. 그래서 여름방학이 시작되자마자 큰 결심을 하고 학원의 여름 강좌를 듣기로 결단했다.

학원은 집에서 가까운 가와구치 역 근처에 있었다.

첫날 학원에 가보니 웬일로 교실 제일 앞자리가 내 자리로 정해져 있었다. 중학교에서는 지금까지 단 한 번도 앞자리에 앉았던 경험이 없었고, 더군다나 제일 앞자리는 숨이 막혀서 견딜 수가 없었다.

중3이 되고 우리들을 거스르는 인간은 학교 안에 단 한 명도 없었기 때문에 자리를 바꾸는 날이면 늘 내 자리를 마음대로 정할 수 있었다. 그렇게 학교 안에서 마음 내키는 대로 살았던 내가 학원에 들어가자마자 제일 앞자리로 배정을 받게 되니 불현듯 불안한 마음이 들었다.

어색하게 앞자리에 앉아 있는데, 갑자기 뒷자리 쪽에서 종이비행기가 날아왔다. 무슨 일인가 당황해서 뒤돌아보니, 귀여운 여자아이가 웃으며 손을 흔들어 보였다.

'앗, 예쁜 아이다!'라고 느끼고 있을 때, 그녀는 "그거, 주워"라는 신호를 보내왔다. 급히 비행기를 주워 펴보니, '어디 중학교? 날 잡아서 놀러 가지 않을래?'라고 써 있었다. 나는 당장 '물론, 가자!'라고 회답을 보냈다.

우리들은 첫 데이트를 하고 정식으로 사귀기 시작했다.

그때까지 동정이었던 나였는데, 그녀로 인해 14년 8개월 만에 동정과 이별을 고하게 된다. 같은 나이의 여학생이었지만 그녀는 상당히 조숙했고, 나는 그녀에게 푹 빠져 지냈다.

원래는 고교 진학 시험을 위해 다니기 시작했던 학원이었는데, 정신을 차리고 보니 정상적으로 학원을 나간 것은 첫날뿐이었고 남은 여름방학은 거의 매일 그녀와 놀러만 다녔다.

짧은 고등학교 생활

─────── 변함없이 수험 공부에 익숙해지지는 않았지만 운 좋게도 '지정학교 입학'이라는 조건으로 현 내에 있는 사립 고등학교에 간신히 들어갈 수 있게 되었다.

이런 식으로 맞이하게 된 중학교 졸업식에 진로가 정해진 나는 의기양양해 있었다. 이날만큼 남들의 눈에 띌 수 있는 날은 없다. 나는 스프레이를 사용해서 앞머리를 높이 치켜세우고, 가능한 한 화려한 차림새로 학교로 향했다.

교실 여기저기다 낙서를 하며 체육관에서 교장 선생님한테 받은 졸업증서 역시 필요 없다고 허세를 부리며 던져버렸다.

학교에는 화를 돋우던 체육 교사가 한 명 있었다. 언젠가 친구가 맞짱을 뜨기도 했지만, 고교 입시를 앞둔 나는 졸업식 날까지

이를 악물고 분노를 억누르며 참고 있었다. 그러나 졸업이 정해진 마당에 이제는 아무것도 참을 필요가 없었다.

졸업식 종료 후 우리들은 그 체육 교사를 혼내줄 계획을 세우고 기다리고 있었는데, 그 선생님은 눈치를 챘는지 재빨리 자전거로 도망쳐버렸고 결착도 맺지 못한 채 그렇게 중학교를 졸업하게 된다.

어느새 봄방학도 끝나고 4월이 되자 드디어 고등학교에서 새로운 생활이 시작되었다.

나에게 있어서 고교 진학은 무언가를 배우기 위한 것도 아니고 미래의 인생을 위한 것도 아니었다. 지금 되돌아보면 그저 단순히 자신이 얼마큼 강한가를 시험해보러 들어간 것일 뿐이었다.

당시 와라비 시 안에 있는 중학교는 어디든지 다 날뛰는 분위기였다. 그 때문에 와라비 히가시나카 출신이라는 말만 해도 '이 녀석은 위험하다'고 여겼고, 싸움 한 번 없이 상대방을 제압해버리는 분위기였다.

덕분에 고등학교에서는 '와라비 히가시의 노무라'라는 이름만으로 독보적이었고, 1학년 때부터 별다른 수고 없이 남다른 존재로 부각되었다.

어느 날, 수업이 끝나고 쉬는 시간에 낮잠에서 눈을 뜨니 나와 같은 와라비 출신인 친구 Y가 한 학생과 말다툼을 벌이고 있었다. 싸움이 하고 싶어 근질거렸던 나는 다짜고짜 말다툼 현장에 끼어들었다.

"말만 하지 말고 덤벼!"

그렇게 부추기자 상대는 본인이 자기 구역에서 소문난 폭주족이란 걸 내세우며 으름장을 놓았다. 사실인지 아닌지 알 수 없는 시비에 화가 난 나는 자제심을 잃고 말았다.

"까불지 마! 이 자식, 말도 안 되는 소리 떠들고 있네!"

분노에 찬 말과 동시에 내 주먹은 상대방의 얼굴을 향하고 있었다. 전력을 다해 때린 것도 아니었는데, 맞은 위치가 나빴는지 그 한 방의 펀치가 도를 넘어 구급차에 실려 병원으로 이송되는 사태로 번지고 말았다.

그 사건이 원인이 되어 나에게 퇴학 처분이 내려졌다. 1학년 2학기가 시작된 지 얼마 안 될 무렵이었다.

니시가와구치에서의
아르바이트

─────── 고교 퇴학 후 백수 생활을 하며 주 2회 정도의 빈도로 신주쿠 디스코텍을 드나들었다. 그곳은 중고생을 상대로 영업을 하는 곳으로 나와 같은 아이들이 많이 있었다. 당시의 신주쿠 디스코텍은 중고생이라도 심야까지 놀 수 있는 곳이 여러 군데 있었다.

가끔씩 경찰이 쳐들어오면 모두 일제히 뒷문으로 도망치곤 했는데, 그건 그대로 스릴이 있다며 즐거워했다.

당시 찌마[4]라는 것이 유행했는데, '앨리게이터즈'라는 그룹의 '카시라'라는 남자와 친분을 맺게 된 것도 이즈음의 일이다.

---

4 집단 파벌을 만들어 협박, 절도, 폭행, 강간 등의 반사회적 행동을 하는 그룹.

카시라는 스모베야[5]에서 수업한 적도 있는 남자로, 키가 2미터 가까이나 되는 거대한 사람이었다. 그와는 신주쿠에서 자주 합세하여 놀곤 했다.

야쿠자가 되기 직전까지 약 2년간 부모님에게 얹혀살았지만 용돈만으로는 유흥비를 감당하기가 턱없이 부족했기 때문에 나는 저녁 일거리를 중심으로 이곳저곳에서 아르바이트에 힘을 쏟았다.

선술집을 시작으로 핀살롱에서 웨이터도 하게 되었다.

관동 지역 핀살롱이라고 하면 두말할 것도 없이 "그야 니시가와구치가 최고지!"라는 말을 들을 정도로 내가 살던 곳은 유명한 곳이었다. 니시가와구치를 이토록 유명하게 만든 것은 핀살롱이라는 바깥 간판만 걸어놓고 어디든지 2차가 가능한 가게가 수두룩했기 때문이다. 당연히 우리 가게도 실상은 2차가 가능한 성매매업소였다.

고등학교를 퇴학한 열여섯 살 소년이었던 나는 그런 유흥업소에서 술을 나르며 지냈다. 대기실에 가면 접객부들의 목소리가 들려왔다. 그 내용은 남편이나 기둥서방에 대한 불평불만이

---

5 스모 선수를 양성하는 기관.

대부분을 차지했다. 그 남자들은 자신의 여자를 핀살롱 접객부로 내보내고 있는 것이다. 그런 한심한 남자 어른들의 이야기를 들으면서 나는 핀살롱에서 한참 동안 일을 했다.

마침 그 무렵 마츠리[6] 축제 때 포장마차 일을 도와주게 되었다. 중학교 시절 동급생이 테키야[7]를 전담하는 야쿠자가 되어 있었는데, 도와달라는 친구의 부탁을 받고 아르바이트를 하게 된 것이다. 나는 요리를 전혀 하지 못해서 뽑기 가게나 가면을 파는 가게 일 등을 도와주며 용돈벌이를 했다.

이 아르바이트를 하면서 나는 점차 야쿠자의 세계로 가까이 다가가게 되었다. 야쿠자가 되는 것은 이제 시간 문제였던 것이다.

결정적인 계기는 야구였다. 당시 지역 동네 야구팀과 알고 지내게 되었는데, 우연히도 그 팀이 광역 폭력단체 'S협회'에 속한 조직의 두목 대행이 이끌고 있던 팀이었다.

그날 이후 나는 그 두목 대행이 소속된 이케부쿠로의 조직 사무실을 자주 출입하면서, 마음속으로 점차 머지않아 이 조직에 들어가게 될지도 모른다는 생각을 품게 되었다.

6 종교 행사의 일환으로 신과 죽은 자의 영혼을 기리기 위해 신사에서 제사를 드리는 의식.
7 마츠리 축제 때 음식을 팔거나 유흥을 돋우는 행사를 하는 업자.

단, 나에게는 이상한 고집이 있었다. 내가 먼저 이 조직에 넣어달라는 말을 할 생각은 절대로 없었다.

지금 와서 생각해보면 다 아무짝에도 쓸모없는 고집이었지만, 그쪽에서 먼저 조직에 들어오라는 말을 하게 함으로써 어찌 되었든 '야쿠자에게 스카우트 당했다'는 형식을 취하고 싶었던 것이었다.

야쿠자의 세계

───── 그 후 1년 정도 조직 사무실을 드나들다 보니 드디어 바라던 대로 조직의 두목 대행이 말을 걸어왔고, 그 두목 대행인의 사제로서 정식으로 조직의 구성원이 될 수 있었다.

지금은 '폭력단 방지 대책법'에 의해 단속 대상이 되지만, 그 무렵에는 나와 같은 10대 소년 야쿠자가 많이 있었다.

나는 조직 두목 대행인의 수하가 되어 자릿세를 받으러 다닐 때도 함께했고, 땅을 밀러 갈 때도 도우러 나갔다. 밤이 되면 술집을 찾아다니며 마작도 함께했다.

휴대전화 이전의 삐삐가 막 나오던 시절에는 10대 소년이 삐삐를 들고 있으면 누구나 야쿠자로 의심하던 시절이었다. 조직으로부터 삐삐를 받게 되자 나는 이제 손색없는 야쿠자가 되었다는 기분에 들떠 두목 대행의 뒤를 신나게 따라다녔다.

조직에는 나보다도 먼저 들어온 젊은이들이 많이 있었다. 어떻게 해야 저들을 밟고 더 윗자리로 뛰어오를까, 내 머릿속은 늘 복잡했다. 조직에 들어온 순번을 바꿀 수는 없다. 그래서 다른 이들보다 많은 돈을 조직을 위해 벌어다 주고 그들을 뛰어넘을 방법을 궁리했다. 또 다른 출세할 수 있는 방법은 교도소에 가는 정도였다.

내가 소속되어 있던 조직에는 조직원이 30여 명 정도 있었다. 인간은 머릿수가 늘면 파벌이 생긴다. 우리 조직에도 파벌이 있었다.

처음 들어올 때 조직의 두목 대행의 사제 자리로 들어왔지만 얼마 지나지 않아 열여덟 살의 어린 녀석한테 그 자리를 맡기는 것은 너무 빠르다는 목소리가 들리기 시작했고, 결국 나는 두목 대행의 사제의 사제라는 자리로 밀려났다.

마침 그 무렵부터 나는 조직 고문의 마음에 들게 되면서 그와 함께 우에노 나카초 거리에 있는 카바레에 출입하게 되었다.

그렇게 되자 한 가지 귀찮은 일이 생겼다. 그 고문과 함께 시간을 보내면 사수는 나에게 "넌 누구 부하인지 모르겠다"라고 불평을 하며 질투를 했다.

나는 사수의 태도를 전혀 이해할 수 없었다. 오히려 형님의 위치라면 내 사제를 챙겨주고 도움을 줘서 고맙다는 예를 표하는 것이 형님으로서의 상식적인 도리가 아닐까 생각한 것이다.

그런데 형님이 나에게 불만을 느끼기 시작한 이유가 어쩌면 내가 가끔씩 건방진 태도를 보였기 때문일지도 모른다. 그렇다고 그런 형님의 태도를 납득할 수는 없었지만 이런저런 이유로 그와의 관계는 계속해서 삐딱선을 타게 되었다.

형님과의 관계가 순조롭지 못했던 배경에는 또 다른 이유가 더 있었다.

조직에는 내가 스카우트해서 들어온 소년 야쿠자가 몇 명 있었다. 형님이 내가 데려온 그들 앞에서 나를 치켜세워주는 모습을 어느 정도 보여주기를 바랐지만 형님은 나의 존재를 인정하려 들지 않았고 늘 독한 말만 내뱉었다. 생각해보면 그때 나는 아직 어렸었다. 체면이 구겨졌다고 화를 내면서 마음속에 형님을 향한 반항심만 점점 더 키우고 있었던 것이다.

형님과의 관계가 삐걱거리고 있을 무렵 자주 상담 역할을 해준 사람이 '쿄고쿠'라고 하는 선배였다.

"닷짱이 힘든 건 알겠는데, 조금만 더 참고 그 형님을 용서해줘. 나는 닷짱이 애쓰고 있단 걸 알고 지켜보고 있으니까."

쿄고쿠 씨는 외관적으로도 사람들을 압도하는 힘이 있었고 떡 벌어진 체격은 누가 보아도 갱 두목으로 여길 정도였다. 그렇기에 쿄고쿠 씨는 주변 사람들의 두려움을 사고 있었다. 행동이 거칠었고 한 번 날뛰면 아무도 손을 쓸 수가 없었기 때문이다. 그런 어려운 존재였지만 나는 그 사람의 마음에 들어 늘 따뜻한 대접을 받고 있었다. (쿄고쿠 씨는 나와 일곱 살 차이로, 서로가 아직은 너무 젊었었다. 그러나 그 쿄고쿠 씨는 수년 전 차 안에서 시체로 발견됐다. 그의 신변에 무슨 일이 있었는지는 모른다. 마지막에는 몇 년이나 만나지도 못한 채 이별하게 되었는데, 죽기 전에 한 번이라도 이야기를 나눴으면 좋았을 걸 하는 후회가 크다.)

소년 야쿠자

─────── 소년 야쿠자가 처음에 하는 일이란 야쿠자식 예의범절을 몸에 익히는 것과 자신의 이름을 파는 것이다.

예의범절이란 야쿠자로서 살아가기 위해서 절대적으로 중요한 일로, 두목이나 형님들에 대한 행동거지를 배워나간다. 한편 자신의 이름을 판다는 것은, 단순하게 말하자면 자신이 강하고 두려운 인간이라는 것을 주위에 과시하는 일이라고 생각하면 된다.

야쿠자라고 하는 존재는 주변의 두려움을 사서 영업을 하는 측면이 크다. 상대방에게 위압감을 주기 위해서는 거칠고 횡포한 짓들을 마다하지 않는다. 당연히 뒤엉켜 싸우는 폭력으로 이어지는 경우가 많았다.

나도 자주 싸움을 했다. 승패를 말하자면 단연 이기는 싸움이 많았다.

싸움의 계기는 대부분 사소한 것들이다. 자신들의 영역 안 클럽이나 카바레, 술집 등에서 마시고 놀다가 그곳에 모르는 조직의 사람이 들어오면 "넌, 어디 인간이야?"라는 말이 누군가의 입으로부터 나온다. 어느 쪽이나 취해 있어서 배포가 커져 있다. 한쪽이 시비를 걸면 반드시 상대 쪽도 발화되어 틀림없이 싸움으로 이어진다.

싸움이 시작돼버리면 무슨 일이 있더라도 절대로 이겨야만 한다. 지면 자신의 힘을 과시하지 못하고 야쿠자로서 먹고살 수 없게 되는 것이다.

내가 자주 사용했던 기술은 박치기, 아니면 무릎 까기였다. 아무튼 선빵 필승으로 상대가 손을 뻗기 전에 일격을 가해 승기를 잡았다. 당시 소형 알루미늄 가방을 들고 다녔던 적도 많았는데, 그것으로 신속하게 상대방

ⓒ Tatsuya Shindo　　소년 야쿠자 시절 모습

얼굴을 향해 일격을 가할 때도 있었다.

  특별히 가라데 같은 격투기를 배운 것은 아니지만 싸움에는 자신이 있었다. 두둑했던 배짱과 많은 경험들이 나를 강하게 만들었다고 생각했다.

체포당한
18세 야쿠자

─────── 야쿠자가 된 내가 처음으로 체포를 당한 것은 열여덟 살 때였다. 원인은 싸움이었다. 젊은 혈기로 상대방을 과하게 두들겨 팬 결과 상해 사건으로 커졌고 체포로 이어지게 된 것이다.

구류된 지역은 본가에서 가까운 사이타마 현 부난 경찰서 유치장이었다. 유치장은 어두침침했고 게다가 청결과는 거리가 먼 더러운 장소였다. 다다미가 깔린 마루에는 진드기가 기어 다녔고, 몸을 뒤척거리기만 해도 피를 빨려고 덤벼드는 진드기가 일제히 기어올라 절로 몸이 움츠러들었다.

지금은 새롭게 다시 지어졌지만 당시 부난 경찰서는 옛날식 건물로 유치장 설비도 구식이었다. 변기 물도 담당 경찰 직원의 허락이 떨어지지 않으면 내릴 수도 없을 정도로 열악했다. 당연히 독방 화장실이 아니었기 때문에 누군가가 대변이라도 누면 그 냄새가 유치장 안을 가득 채웠다.

이런 곳을 아무렇지도 않게 드나드는 존재가 야쿠자인가, 소년 야쿠자가 된 지 얼마 안 된 나로서는 일순 주춤거릴 수밖에 없었다. 그때의 두려움으로 야쿠자의 길을 단념했었다면 계속된 불효를 멈출 수 있었을 텐데 오히려 나는 그 반대로 '이런 것쯤이야!'라며 어깃장을 부리고 말았다.

유치장에는 절도로 잡힌 한 살 위 소년이 이미 선객으로 유치되어 있었다.

아무것도 할 일이 없는 곳이 유치장 안이다. 그와 나는 어느 쪽이 먼저랄 것도 없이 말을 텄다. 어릴 적부터 부모와 떨어져 산 그는 시설에서 자랐다고 했다. 어디로 보내졌든 항상 문제를 일으켰고 아동 상담소나 소년원(현 아동 자립지원 시설), 감별소를 전전하며 산 전력을 갖고 있었다.

연약해 보이는 그는 나에게 아부를 했고 그것을 빌미로 나도 허세를 떨며 그를 꼬붕처럼 다뤘다. (석방된 후에도 그는 나를 따르게 되었고, 최종적으로 스카우트해서 조직에 넣었지만 기가 약한 그는 금방 그만두고 말았다.)

비록 18세라도 야쿠자는 야쿠자다. 경찰은 나를 한 사람의 야쿠자로 다루었고, 소년과 형사가 아닌 조폭 담당 형사에게 진술을 맡겼다.

지금은 그런 일이 없으리라 생각하지만, 당시는 조폭 담당 형사가 진술받는 중간중간 야쿠자의 역사를 가르쳐주기도 하고 담배를 나눠 피우기도 했었다.

그 후 나는 우라와 소년감별소(현 사이타마 소년감별소)에 들어갔는데, 하루라도 빨리 바깥세상으로 나오려고 속마음을 숨겼다. 심지어 자식을 구하고 싶은 어머니의 온정까지 이용해서 정상참작을 이끄는 데 성공하였고, 단기간에 출소하게 된다.

야쿠자의 일상

────── 일단 바깥으로 나오기만 하면 내 세상이라 신바람이 난 나는 곧장 조직으로 달려갔다.

세상은 거품경제의 한중간에 있었고, 나와 같은 소년 야쿠자가 손을 댈 일거리는 여기저기에 널려 있었다.

우선 강제 철거 일이 있었다. 퇴거하지 않는 지권자들에게 위협을 가하는 일이었다. 또 야간도주를 한 채권자의 자택이나 공장을 점유하는 일도 있었다.

소년 야쿠자가 쓰일 곳은 얼마든지 있었고, 아직 경험이 약한 나는 주어진 일을 수행하면서 야쿠자의 법도를 하나씩 몸에 익혀나갔다.

그 무렵 나는 몸에 일본식 문신을 새겼다. 야쿠자에게 있어 일본식 문신을 새겨 넣는 일은 평생 야쿠자로서 살아간다는 결의이고, 절대로 뒤를 돌아보지 않겠다는 의미도 갖는다.

우선 등부터 시작할 생각이었지만 "야쿠자는 절대로 등을 보여선 안 돼. 앞쪽부터 해라!"라는 두목의 말을 듣고 양쪽 가슴에서 양팔에 걸친 문신을 새겼다.

누구한테도 지기 싫었던 나는 유두 아래까지 빈틈없이 문신을 새겨 넣는 간사이식으로 결정했다가 더 이상 극심한 고통을 견디지 못하고, 복역을 핑계 삼아 7부 소매길이 정도의 어정쩡한 상태에서 멈추고 말았다.

애석하게도 그 무렵은 아직 문신사들의 위생 관념이 철저하지 못하던 시절이었다. 그들은 같은 바늘을 재사용했고, 배어 나오는 피도 같은 수건으로 닦았다. 그 결과 나는 C형 간염에 감염되어버렸다. (최근까지도 인터페론으로 감염 치료를 해야만 하는 상태로 악화되었는데 자업자득이라 해도 할 말은 없지만, 하나님의 치유의 손길과 주위 사람들의 기도 덕분에 지금은 어찌어찌 완치판정을 받을 수 있었다.)

두 번째 체포는 열아홉 살 때였다. 이번에는 채권 징수를 하다가 체포되었다.

우리들은 부도가 난 회사 사장의 집을 점유하고 있었다. 건물 2층이 주거지였는데, 1층은 사장이 경영하고 있던 어묵 공장이었다.

점유한 사장의 집에서 마리화나[8] 쿠키를 먹으며 화투를 치고 있던 중, 갑자기 들이닥친 경찰들이 대문을 밀어붙이고 도어 손잡이를 부수며 쳐들어왔다. 다행히 마리화나 쿠키는 이미 다 먹어버렸기 때문에 없는 일이 되었지만, 채권 이상의 물건을 점유했다는 이유로 그곳에 있던 전원이 체포당했다.

이러한 경우 만약 성인 야쿠자라면 20일 구류 처분만 받고 나올 수 있다. 그러나 소년 야쿠자일 경우 우범으로서 감별소로 보내지는 것이 일반적인 패턴인데, 나는 20일간의 구류 처분만 받게 되었다.

이때에도 간교하게 머리를 썼다. 부모님에게는 애정에 굶주린 불쌍한 자식의 얼굴을 보였고, 보호관찰 선생님에게는 이 일만 해결되면 야쿠자를 그만두겠다고 호소하며 갱생을 원하는 소년 역할을 훌륭하게 연출했던 것이다. 그로 인해 감별소행을 멈출 수 있었다.

---

8 대마의 잎이나 꽃을 원료로 하여 만든 마약.

사이타마 현 경찰서와
경시청의 차이

───── 어묵 공장 사장 집에서 체포당했을 당시, 나는 요츠야 경찰서 내 유치장에 구류되었다. 이전까지는 사이타마 현 경찰서 유치장만 드나들었는데, 경시청 관할 유치장에 들어간 것은 그날이 처음이었다.

양쪽 유치장에 들어가 본 결과 알게 된 것은, 사이타마 현 경찰서와 경시청은 여러 가지 면에서 차이가 있었다. 야쿠자 시절을 거치며 사이타마 현 관할에서는 부난 경찰서, 우라와니시 경찰서, 와라비 경찰서, 가와구치 경찰서를, 경시청 관할에서는 요츠야 경찰서, 이케부쿠로 경찰서, 후카가와 경찰서에 들어가게 되었는데, 그곳 관할 유치장의 차이에 놀라기도 했다.

예를 들면 요츠야 경찰서를 포함한 경시청 관할 유치장의 대부분은 카펫이 깔려 있는 반면, 사이타마 현내 관할 유치장은 다다미가 깔려 있다.

　넓이에도 차이가 있었다. 사이타마 현 경찰서 관할 유치장에서는 정원 2명의 작은 방들이 줄지어 있었지만, 경시청 관할 유치장은 정원 6명의 큰 방이 있는 곳이 많았다. 경시청의 큰 방은 보통 어디든지 성황리에 만원사례를 이루고 있었다.

　유치장에서 검사 조사를 위해 지검실로 향하는 버스 안에서의 처우도 달랐다. 사이타마 현 경찰서에서는 지검 도착 전까지 1인 두 대까지 담배를 피우게 해줬지만, 경시청에서는 담배가 허용 물품이 아니었다. 도내에서 발생하는 범죄 건수가 많았고, 그에 따라 검거 수도 많았기 때문에 도쿄 지검으로 향하는 버스는 늘 만원이었다. 이런 만원 버스 안에서 담배를 피우기도 힘들겠다며 납득했던 기억도 난다.

　또 사이타마 현 경찰서에는 간식 시간이 있지만 경시청에는 그런 시간이 없었다. 단, 유치장이나 구치소에 수감되어 있는 사람들은 미결수이기 때문에 돈만 있으면 전속 매점에서 좋아하는 물건을 살 수 있었다.

　한편 유치장에서 주는 도시락을 '관용 도시락'이라고 부르는데, 싫증 나면 본인이 주문한 '개인 도시락'을 먹을 수도 있다.

사이타마 현 경찰서와 경시청은 점심때 지급하는 도시락에도 차이가 있었다. 현 경찰서에서는 주로 김밥 도시락이나 연어 도시락이 나왔고, 매일 흰쌀밥을 먹을 수 있었다. 그러나 경시청에서는 바게트 하나만 달랑 나왔다.

본인 스스로 돈을 갖고 있든지, 아니면 친족, 지인, 친구가 현금을 넣어주든지 하지 않으면 경시청 관할 유치장에서는 돈이 없어서 비참한 경험을 할 수 있다. 그런데 야쿠자는 어려울 때일수록 동료에게 수치를 주는 일을 해서는 절대로 안 된다는 정신이 있어서 현금을 포함해 여러 가지 물품들을 챙겨서 넣어준다. 덕분에 붙잡힌 자는 나름 사치를 즐길 수 있었고, 실제로 지옥의 재판도 돈의 힘이라는 말 그대로의 상황이 벌어진다.

반대로 어느 유치장에 들어가든 공통된 점이 있었다. 그것은 중국인, 한국인, 이란인과 같은 외국인들이 많다는 것이다. 그중에서도 압도적으로 중국인이 많았다.

단순한 불법체류나 범죄로 손을 더럽힌 경우 경찰의 대응이 완전히 다르다. 특히 경찰이 엄하게 다루는 것은 밀항자들이다. 밀항의 이면에는 반드시 거대한 조직이 존재하기 때문에 경찰은 이 일에 강한 관심을 갖고 있다.

밀항자들에 대한 조사는 아침부터 밤까지 쉼 없이 이어졌다. 대부분의 중국인들은 입이 무거워서 웬만해서는 조사가 쉽게 이루어지지 않는다. 진위 여부는 알 수 없지만 어느 밀항자의 말에 따르면 일본에서 징역형을 받게 되면 출소 후 중국 현지로 돌아간 이후에도 다시 복역해야 한다고 한다. 만약 사실이 정말 그렇다면 누구든 절대로 입을 열기 어려울 것이다.

조폭 담당 형사들은 불법체류나 밀항자들이 계속해서 늘면 일본인 고용이 줄어들 것이라고 탄식을 한다. 하지만 그들 중 대부분은 일본으로 건너오려고 가족이나 친척들에게 큰돈을 빌린 사람들이 많기 때문에 무슨 짓을 해서든 돈을 벌겠다는 생각만 한다. 이런 각오로 오다 보니 여성일 경우 빚 변제를 위해 매춘을 하는 일도 나오게 된다. 중국에 있었다면 결코 유치장 같은 곳에 드나들 만한 사람으로 보이지 않는 극히 평범한 중국인들과도 나는 몇 번이나 같은 방을 썼다.

한번은 사이타마 현 관할 우라와니시 경찰서에서 젊은 도둑과 한방을 썼다. 도둑한테 피해를 당한 적이 있었던 나는 도둑놈에 대한 미움이 있었는데, 서로 이야기를 나누던 중 그의 대담함에 나도 모르게 감탄을 했다.

그의 수법은 주로 빈집털이였는데, 도둑질하러 들어간 집 냉장고에 맥주가 있으면 우선 그것을 시원하게 들이켠 후 범행을 시작한다는 것이다. 그가 노렸던 곳은 홀로 사는 직장인들의 집이었는데, 그런 집은 저녁 무렵이 되어서야 집주인이 돌아오기 때문이란다. 그래서 천천히 쉬어가며 집 안을 물색할 수 있다고 했다.

한편 후에 마츠에 교도소에서 같은 방을 썼던 '노비' 아저씨의 도둑질 이야기도 흥미로웠다. '노비'는 '시노비[9]'의 줄인 말인데, 집 식구들이 잠들어 있는 동안 살금살금 몰래 도둑질하는 도둑을 말한다. 이 아저씨의 말에 따르면 다다미 가장자리로 걷는 것이 발소리를 없애는 비결이라고 한다. 아저씨는 반대로 빈집은 무서워서 피한다고 했다. 그 이유는 언제 집주인이 돌아올지 모르기 때문이란다.

신기하게도 도둑질 수법이 완전히 정반대인 두 도둑이었지만, 발 흔적을 남기는 신발만큼은 세심하게 바꾸고 다녔다는 점만큼은 공통점이었다.

---

9 시노비(忍び), 눈길을 피하며 하는 행동.

우리와 구치소 생활

실형 2년 4개월

마츠모토 소년교도소와 징벌

출소 후 다시 찾은 야쿠자 조직

결혼, 그리고 파탄

도피생활과 두 번째 징역

아키타 교도소

조직에서 밀려난 야쿠자

야쿠자와 징역살이

우라와 구치소 생활

───── 내가 경험했던 세 번의 징역살이는 모두 다 마약으로 인한 것이었다.

처음 마약을 맞은 것은 열일곱 살, 야쿠자가 되기 바로 직전이었다. 이미 마약중독이었던 친구의 꼬임에 넘어가 처음으로 손을 대게 된 것이다. 첫 마약은 과량 주사 탓으로 기분 좋음과는 전혀 거리가 멀었다. 맞은 직후에는 잠깐의 쾌감을 느꼈지만 점점 몸이 덜덜 떨리며 일어서지도 못할 정도였고, 이어서 먹은 것을 다 토해버렸다. 자려고 했지만 전혀 잠도 오지 않았고, 솔직히 죽을지도 모른다는 생각까지 들 정도였다. 이 향정신성 의약품의 첫 체험으로 나는 잠시 동안 환각제에 대한 두려운 마음을 품게 되었다.

그런데 야쿠자가 되던 해인 열여덟 살 때, 이번에는 양을 줄여서 알맞게 놔주겠다는 같은 친구의 꼬임에 또 넘어가, 엉겁결에 다시 마약을 맞게 되었다. 그러자 이번에는 지난번과는 달리 믿을 수 없을 만큼 좋은 기분을 느꼈다.

머릿속이 시원해졌고 마치 하늘에라도 날아오를 것 같은 기분이 들었다. 몸에 난 모든 털이 솟구쳐 오르는 감각에 사로잡히며 극도의 쾌감에 닭살이 돋았다. 이러한 상태에서 화투를 쳐보니, 흥분이 몇 배로 증가하여 몇 시간이든 쉬지 않고 화투를 칠 수 있었다.

그날부터 나는 마약을 맞아가며 화투를 치는 생활에 젖어 살게 되었는데, 운이 좋았는지 경찰에 잡히는 일도 없었다. 나는 점차 마약에서 벗어날 수 없는 몸이 되어갔다.

그러나 드디어 올 것이 오고야 말았다. 처음으로 마약을 맞은 지 5년 후인 스물두 살 때 마약 사용 용의자로 체포되었고, 나는 우라와에 있는 사이타마 현청 앞 우라와 구치소에 수감되는 처지가 되었다.

스물두 살, 혈기 왕성한 문신 야쿠자인 나로서는 무엇 하나 두려울 것이 없는 때였다. 구치소 안에 야쿠자는 나 하나로 오히려 위세를 떨며 지낼 수 있었다.

도중에 옆방 수감자가 2명밖에 안 남아 그쪽 방으로 옮겨졌다. 동년배였던 그 두 사람과 서로 의기투합했고, 구치소 안이었지만 매일매일 즐거운 시간을 보냈다.

첫 번째 남자는 나보다 한 살 아래였고, 강도죄로 체포되었다. 다른 한 명은 나와 같은 약물중독으로, 훗날 나의 단골손님이 되어준 사람이다.

야쿠자 동료들이 보내준 영치품이 얼마나 풍성한지 그 2명은 늘 나에게 선망의 눈길을 보냈다. 당연히 나는 혼자 독차지하는 일 없이 늘 그들과 함께 나누었다. 그 때문에 그들은 내 영치품이 들어올 때마다 기쁜 표정을 숨기지 못했고, 종국에는 나에게 경의마저 표하기도 했다. 그런 두 사람을 상대하며 나는 막간의 대장놀이를 즐겼다.

야쿠자 동료들은 수감 생활의 괴로움을 뼈가 저릴 정도로 알고 있다. 그런 만큼 동료가 나락에 떨어지면 여러 가지로 배려를 해준다. 같은 조직의 동료가 비참한 처지에 놓여 있으면 조직의 위신에도 걸리기 때문이다. 그러한 연유로 현금이나 물품 차입도 빈번했고 면회도 자주 와주었다.

구치소에서는 옆방과의 대화도 자주 이루어졌다. 벽으로 가로막혀 상대방의 얼굴을 볼 수는 없지만 배수구를 통해 말을 하면

소리가 옆방까지 들렸다. 또 소지[1]가 융통성이 있는 자여서 옆방과의 책 교환은 물론 편지, 전언 등을 다른 방에서 전달해주기도 했고, 이쪽 것을 보내주기도 했다.

당연히 융통성 있는 소지에게 나는 돈을 주었다. 수감되었던 감방이 담당 교도관의 눈길이 닿기 어려운 가장 안쪽 방이었던 것을 이용해, 단팥빵이나 캐러멜 등도 건네주었다.

소지는 그것을 서둘러 삼킬 듯이 먹거나 수감복 안에 숨기며 늘 부정한 일을 해주었다. 편리를 보며 살던 우리들로서는 그의 움직임이 실로 듬직한 것이었다.

---

[1] 구치소 내 심부름을 담당하는 수감자.

실형 2년 4개월

────── 구치소 생활은 2개월 정도 이어졌다. 그 후 재판에서 실형 판결이 나오자 구치소에서 교도소로 옮겨졌다.

나에게 내려진 판결은 1년 2개월이었다. 처음에 마약을 건네주다 잡혔지만 아무리 뒤져도 증거품인 마약이 우리 집에서도, 건네받은 사람한테서도 나오지 않았다. 그러나 내 소변에서 분명하게 환각제 반응이 나왔기 때문에, 최종적으로는 환각제 양도죄가 아니라 환각제 사용죄로 심판을 받게 된 것이다.

이때 나는 집행유예 중인 몸이었다. 지난번 판결은 징역 1년 2개월, 집행유예 2년이었다. 집행유예 중에 죄를 범했기 때문에 지난번의 1년 2개월과 이번 1년 2개월이 합산되어, 2년 4개월의 징역형을 받아야 했다.

사이타마 현에서 26세 이하의 남성에게 징역형이 내려지면 우선 가와코시 소년교도소로 이송된다. 이곳에서 케이스 별로 분류되어 전국의 교도소로 보내지는 것이다.

나의 경우 가와코시에서 다른 교도소로 이송될 것을 미리 짐작하고 있었다. 원래 A급 초범 교도소에서 징역 생활을 보낼 수 있는 수감자는 범죄 죄질이 나쁘지 않다고 판단되는 '우등생'만이다. 가와코시 소년교도소와 같은 A급 초범 교도소에 우리 같은 야쿠자는 설령 첫 실형이라 할지라도 복역하기가 힘들다.

'우등생'을 위한 교도소라고 해서 가와코시 소년교도소의 규율이 느슨한가 하면 결코 그렇지 않다. 교도소 측은 범죄 죄질이 더 나빠지기 전에 확실하게 교정시키려는 의도에서인지 오히려 대단히 엄한 지도를 한다.

예를 들면 행진할 때 주위 사람들과 발을 조금이라도 맞추지 못하면 벼락같은 소리가 반드시 날아온다. 만사가 다 그런 주의라 조금이라도 긴장이 풀어지면 반드시 고함 소리가 터졌다.

고함 소리를 듣는 것은 불쾌한 일이지만 나쁜 점만 있는 것은 아니었다. 가와코시 소년교도소에서 인상적인 것은 '식사가 맛있다!'는 것으로, 나는 항상 식사 시간을 즐겁게 기다리게 되었다. 이런 정신 상태였으니 죄에 대한 반성 따윈 일체 없었다.

배속된 공장에서는 신사 부적이나 쇼핑백 등을 만들었다. 일류 브랜드용 쇼핑백이나 결혼식 답례품용 같은 종류였다.

가와코시 소년교도소에서는 중학교 시절 동창과 같은 공장에 배속되어 징역을 함께 살았다. 그는 내가 마약을 가르쳐준 탓에 체포되었고, 나와 거의 같은 시기에 실형 판결을 받았다. 교도소를 들어오게 한 원흉이 나 자신이라는 것을 스스로 깨닫고는 있었지만, 한편으론 그의 존재가 내 징역살이의 고충을 완화시켜주었기 때문에 함께여서 좋다고 내 사정에만 맞춰 생각하고 있었다. (이 친구는 이후에도 마약을 끊지 못했고, 훗날 내가 신학생이었을 무렵 간질환으로 인한 객혈로 목이 막혀 죽고 말았다. 장례식 때 나는 그의 어머니에게 진심으로 사죄를 했다. 친구 어머니는 "니가 나쁜 게 아니야"라고 말해주었지만 나는 그것으로 용서받았다고 생각하지 않는다. 이 일은 내가 평생을 짊어지고 가야 할 죄라고 지금도 내 마음속에 새겨져 있다.)

마츠모토 소년교도소와
징벌

───── 3개월에 이르는 분류 심사가 끝나자 나는 나가노 현에 있는 마츠모토 소년교도소로 이송되었다.

이곳은 원래 26세 미만의 재범자가 들어오는 B급 교도소였지만, 야쿠자였던 나를 초범으로 간주하지 않아 이 교도소로 보냈던 것이다. 지금은 그 당시와 상황이 바뀌어 재소자 급증에 따른 대응책으로 연령이 높아져서 서른 살까지의 징역수들이 이곳에 수감되고 있다.

이곳에서의 일과는 아침 운동부터 시작된다. 처음에 운동장을 두 바퀴 뛰고, 그 후 '알프스 체조'라는 우스꽝스러운 체조를 하고 다시 한 번 운동장을 두 바퀴 뛴다.

실제로 들어가서 알게 되었지만 마츠모토 소년교도소는 전국의 불량한 인간들은 거의 다 모이는 유명한 교도소였다. 그러다 보니 자신이 저지른 범죄에 대한 반성은커녕 교도소 안에서도 변함없이 트러블만 일으키는 재소자들이 많았다.

내가 수감되었던 1992년 당시, 교도소 소장이 바뀌게 되면서 새롭게 전입해 온 소장이 인사를 했다. 그때 보고에 따르면 전년도에 발생한 싸움, 난투, 말다툼 건수가 도합 124건에 이른다고 했다. 이 124건 중에 내가 당사자로 트러블을 일으킨 건수도 포함되어 있다.

교도소 안에서 문제를 일으키면 잘못에 대한 징벌을 받아야 한다.

내가 받은 첫 번째 징벌의 원인은 싸움이었다. 젊은 혈기로 욱하면 당장에 주먹을 휘둘렀던 때라 싸움이 곧잘 벌어지곤 했다.

싸움 상대는 관서 지역 광역 폭력조직에 소속되어 있던 니이가타 야쿠자였다.

작업 종료 후 청소 시간 때 나는 늘 책상 위 먼지를 털고 난 다음, 정리 청소를 했다.

그날도 평소처럼 먼지를 바닥으로 털고 있는데, 마침 그때 니이가타가 책상 옆쪽 마루에서 걸레질을 하고 있었고 내가 떨어뜨린 먼지가 그의 머리 위로 떨어진 것이다.

급히 사과한 기억은 있지만, 내 마음속에는 늘 주변 사람들한테 얕잡아 보이면 안 된다는 생각이 강했기 때문에 아마도 건성으로 사과했을 것이다. 그는 나에게 분노가 치밀었던 것 같다.

다음 날 평소처럼 운동장에서 아침 운동을 하고 있는데 그 남자에게 갑작스러운 일격을 당했다. 되갚음 주먹질을 하면 가석방 기회가 사라질 거라고 염려한 나는, 상대방의 목덜미를 잡고 쓰러뜨렸다. 그런데 마침 그때 경비대의 눈에 띄었고, 다짜고짜 달려와 나를 둘러싼 그들에게 정신없이 짓밟힌 후 보호실로 던져지고 말았다.

이 보호실 방은 정말 비참한 곳이었다. 오른손은 앞으로 왼손은 뒤로 해서 가죽 벨트로 꽁꽁 묶어 고정시켜놓았는데, 이것이 정말 고통스러웠다. 식사 때에도 이 가죽 벨트를 풀어주지 않아 개처럼 먹을 것을 강요받는 곳이었다.

소변을 눌 때도 손을 쓸 수가 없었기 때문에 애초부터 바지 앞쪽은 크게 구멍이 뚫려 있었다. 게다가 볼일이 끝나면 벨을 기대고 눌러서 "물 좀 내려주십시오!"라고 외쳐야만 했다. 당연히 변의를 상실하게 되었지만 만약 대변을 누게 되면 엉덩이를 닦을 수도 없는 상황이라 어떻게 처리해야 할지, 생각만으로도 머릿속이 새까맣게 타들어 갈 정도였다.

교도소 안에서의 첫 싸움으로 내가 배운 것은 바깥세상처럼 선빵 필승이었다. 보복의 주먹질 시점에는 경비대에게 발각되기 쉬웠다. 경비대가 오기 전에 재빨리 해치워야 한다.

보호실 방에서 나온 후 오랜 시간 고정되었던 팔에 쥐가 난 탓에 금방 움직이지 못했고, 목욕탕에 들어가서 근육을 풀어줘야 할 정도였다.

결국 이때 징벌 심사 회의에서 내려진 결정은 20일간의 징벌방행이었다.

나 혼자 좁은 징벌방 안에 들어가 매일 벽만 보며 지내는 지겨운 매일이 20일이나 계속되었다. 종국에는 정신이 이상해지는 게 아닐까 걱정이 될 정도였다.

'앞으로는 무슨 일이 있어도 징벌만은 받지 말아야지.'

늘 강한 척하던 나였지만 드물게 약한 모습을 보일 만큼 괴로운 곳이었다.

그러나 그 후에도 나는 정신을 못 차리고 또 징벌을 받았다.

두 번째 징벌은 작업 중 콧노래를 흥얼거려서였다. 원래는 기계음 때문에 들릴 리가 없었는데, 순찰 돌던 직원이 뒤쪽에서 몰래 접근해오는 바람에 들키고 말았다. 이때는 7일간의 징벌방행이었다.

세 번째는 공장 메모지의 부정 사용이 원인이었다. '부정 사용'이라고 표현했지만 무슨 나쁜 짓을 하려고 했던 것이 아니다. 불현듯 옛날에 좋아했던 노래 제목이 생각나, 공장에 비치된 메모지에 적어놓은 것뿐이었다. 기껏 그만한 일로 규칙 위반에 걸려 10일간에 이르는 징벌을 또 먹었다.

출소할 때까지 나는 도합 세 번의 징벌을 받았다. 네 번째 징벌은 면했지만 그것은 내가 마음을 잡고 성실하게 생활해서가 아니라 교도소 생활에 익숙해짐에 따라 요령이 좋아진 덕분이었다.

출소 후
다시 찾은 야쿠자 조직

─────   나에게는 화가인 숙부가 있다. 출소일에서 2개월이나 빠른 2년 2개월로 가석방을 받은 건 숙부가 출소 후 신원보증인이 되어주었기 때문이다.

이바라키 현에 사는 숙부의 아틀리에에서 가석방 기간이 끝날 때까지 2개월간 신세를 지게 되었다. 친척들은 나의 갱생을 바랐고, 나 자신도 마음 한편에서는 갱생에 대한 생각이 없지는 않았다.

실제로 야쿠자 노릇을 이대로 계속한다면 앞으로도 교도소를 들락날락거려야 할 것이다. 더군다나 마약을 끊지 못하면 몸도 망가질 것이 분명하다.

'이쯤에서 야쿠자 노릇을 그만둬야 하나…….'

잠시 그런 생각이 스치기는 했지만 다시 약을 맞고 싶은 충동을 멈출 수 없었다. 이미 마약에 중독되어버린 나는 약을 맞고 느끼는 쾌감을 잊을 수가 없었던 것이다.

가석방 기간이 지나 일주일도 넘기지 못하고 나는 숙부의 집을 나왔다. 그길로 이케부쿠로에 있는 조직 사무실을 향해 출소 인사차 얼굴을 내민 뒤, 그날부터 징역 전 모습으로 원상 복구되었다. 마약을 맞으며 사는 생활을 다시 시작한 것이다. 이렇게 나는 진심으로 나를 걱정해주는 친척들을 배신했다.

한편 조직 선배는 나의 복귀를 기뻐하며 당분간 즐기라는 말과 함께 10그램의 환각제를 책상 위로 던져주었다. 그리고 조직

ⓒ Tatsuya Shindo　　　　　　　　　　　　　　야쿠자 조직 시절 모습

사무실에 앉아 있던 등에 문신을 새긴 약쟁이 여자를 가리키며 "너, 저 여자 어때? 아니면 업소 갈 돈 줄까? 어느 쪽이 좋아?"라고 물었다.

조직에 드나드는 여자를 만나면 나중에 그 여자가 소문을 내고 다닐 게 불 보듯 뻔했다. 정말로 그것은 수치스러운 일이었다. 나는 즉시 업소 갈 돈을 받겠다고 말한 뒤, 받은 5만 엔을 들고 곧장 이케부쿠로의 업소로 향했다.

구약성경에 보면 하나님의 노함을 사서 멸망한 고대도시 소돔과 고모라의 이야기가 있는데, 성의 타락이 극한으로 치닫던 소돔과 고모라에 뒤처지지 않을 만큼 죄악이 넘치는 세상 한복판에 나는 온몸을 맡기고 있었다.

결혼,
그리고 파탄

─────── 나의 첫 결혼은 스무 살 때였다. 첫 번째 징역을 살기 전의 일로, 상대는 야쿠자가 된 지 얼마 안 되었을 무렵 알게 된 여자였다.

그녀와의 첫 만남은 비가 내리던 밤이었다. 그날 밤, 나는 이케부쿠로에서 술을 마시고 집으로 돌아가는 도중이었는데, 선샤인 거리에서 요란한 싸움을 했다. 도대체 무엇이 원인이었는지 지금도 알 수 없지만, 늘 있었던 일이라 그 싸움 역시 별다른 이유는 없었을 것이다.

상대방을 정신없이 때리고 있던 중 경찰차 사이렌 소리가 가까이 다가오는 것이 들려왔다. 당황한 나는 무작정 이케부쿠로 역을 향해 달렸다.

도중에 역 쪽에서 우산을 쓰고 걸어오던 여성이 보였다. 나는 순간적으로 그녀의 팔을 잡고 함께 걸어달라고 말한 뒤, 거의 반강제로 그녀의 팔짱을 끼고 우산으로 얼굴을 가리며 반대쪽인 서쪽 입구를 향해 걸어갔다.

그녀의 협조에 힘입어 나는 경찰에게 잡히는 일 없이 순조롭게 도망칠 수 있었다. 헤어질 때 정중하게 인사를 하고 조직 사무실의 전화번호가 적힌 헌혈 카드를 슬쩍 건네주었다.

야쿠자에게 헌혈 카드가 웬 말인가 생각하겠지만 내가 헌혈을 했던 두 가지 이유가 있었다.

하나는 헌혈을 하면 에이즈를 시작으로 여러 종류의 병에 대한 검사를 해주는 것이 아닐까 생각했기 때문이다. 그리고 다른 하나는 속죄라는 측면이 있었다.

극악무도한 야쿠자라고 해도 누구나 어딘지 모를 죄악감을 품고 산다. 작은 일이지만 헌혈과 같은 선행을 함으로써 조금이라도 속죄를 하고 싶은 마음이 야쿠자에게도 있다.

그녀에게 헌혈 카드를 건네주고 특별한 기대는 없었는데, 며칠 후 사무실로 그녀가 전화를 걸어왔다. 물어보니 저도 모르게 신경이 쓰여 걸었다고 했다.

우리들은 이케부쿠로에서 재회를 했고, 그대로 교제로 발전해

최종적으로는 결혼까지 하게 되었다.

그녀와의 사이에서 아이를 한 명 얻었다. 그럼에도 불구하고 나는 변함없이 마약에 빠져 살았고, 아내의 염려를 뒤로한 채 아예 집에 들어가지도 않았다. 그 후 마약 사용으로 인한 죄로 징역형이 내려졌고, 결혼한 지 겨우 3년 만에 파국을 맞았다.

지금도 그녀에 대한 미안한 마음이 있다. (소문에 의하면 재혼해서 행복하게 살고 있다고 한다. 그 말을 듣고 아주 조금은 속죄받은 기분이 들었다.)

두 번째 결혼 역시 마약 사용으로 인한 복역이 원인이 되어 이혼에 이르렀다. 이 여성과의 사이에도 자식이 한 명 있다. 마약 유통 혐의로 체포장이 나왔고, 도망 중에 그녀가 임신을 하였다. 아이가 태어난 것은 복역 중의 일이었다.

두 번의 이혼에도 불구하고 나는 아무것도 깨닫거나 배운 것이 없었다. 그러다 어느 여성과 다시 사귀었고, 그녀의 집을 환각제 창고로 이용하기 시작했다.

세 번째 여성과는 내연관계를 지속했다. 그 후 우리들은 한 번 헤어졌는데, 그때 그녀는 내 아이를 임신하고 있었다.

그녀는 미혼모 신분으로 아이를 출산하겠다고 결심했다. 그러나 나는 그녀가 임신한 줄도 모를 만큼 무책임했다.

헤어진 후에 그녀를 조직 형님의 형수님께서 정신적으로 지켜줬던 모양이었다. 아이가 태어날 무렵 형수님이 연락을 했다.
"제발 부탁이니까, 병원에 가봐! 닷짱 아이가 태어난다고!"
깜짝 놀란 나는 병원으로 날아갔다. 그러자 그곳에는 엄마의 품 안에서 새근새근 잠들어 있는 나와 똑 닮은 사내아이가 누워 있었다. 이번에는 나도 정말 놀라지 않을 수가 없었다.
그 후 조직 자리에서 쫓겨나 도망치듯 나온 나는 한 마리 야생의 늑대처럼 홀로 마약 판매를 하던 시기에 그녀와는 관계를 회복했다. 내연의 처와 반년 정도는 더 함께했지만 다시 체포를 당하고 징역을 살던 중 나는 완전히 버림을 받게 된다.
마지막 징역이 끝난 후 그녀가 한 번, 네 살 된 아이를 데리고 만나러 온 적이 있었다. 나는 그 아이를 내 호적에 올려줄 것을 은근히 기대했지만 그 바람은 이루어지지 않았다.
이후 재혼한 그녀는 아이가 여덟 살이 되었을 때 다시 한 번 만나러 와주었다. 그러나 재혼 상대인 남편에게 미안해서 더 이상은 만나는 일이 없을 거라는 마지막 말을 남기고 헤어지게 되었다. 아들은 지금 열한 살이 되었을 것이다.

도피생활과
두 번째 징역

───── 첫 번째 교도소 복역을 마치고 나니, 나는 스물네 살이 되어 있었다. 야쿠자를 그만두고자 했던 마음은 어디론가 사라지고, 다시금 조직 안에서 마약 팔이에 몰두하며 변함없이 세력 다툼 병사가 되기도 하고, 퇴거를 재촉하는 철거 용역 깡패 노릇을 하는 그런 위태로운 나날을 보내고 있었다.

세력 다툼이라고는 하지만 다툼의 원인은 쓸데없는 이유뿐이었다. 대개는 술에 취해서 싸움으로 번지는 일이 많았고 작은 불씨가 조직 간의 싸움으로 커지기도 했다. 계속 그런 생활을 하다 보니 언젠가는 좌절할 일에 부딪힐 것이 불 보듯 뻔했다.

마약 유통 혐의로 체포장이 나왔을 때 나는 두 번째 아내와 살고 있었다. 체포장이 나왔다는 사실을 동료에게 전해 듣게 된 나는 그날부터 아내와 함께 3개월간의 도피생활을 시작했다.

체포를 피하려면 혼자 도망치는 것이 가장 안전하다는 것을 물론 알고 있었다. 그러나 아내도 가끔씩 마약밀매를 도와주었고 결코 결백한 몸은 아니었기 때문에 함께 도망치게 되었다. 이유를 덧붙였지만 결국은 아내가 곁에 있어 주기를 바랐던 마음이 컸다. 홀로 사람 눈을 피해 다니는 생활은 너무나 쓸쓸하다. 나는 정신적으로도 자립하지 못한 의존형 인간이었다.

도피생활 중 우리 부부를 머물게 해준 동료도 있었지만, 부부 철새가 남의 집에서 길게 지내는 것은 아무래도 눈치가 보이는 일이다. 얼마 동안 지내다가 동료의 집을 나왔고 호텔을 전전하는 생활을 시작했다. 도망 중임에도 불구하고 나는 변함없이 마약과 도박을 멈출 수가 없었다. 더군다나 길어진 호텔 생활로 생활비가 누적되어 가자 나에게 남은 선택지는 마약밀매를 계속하며 체포의 그물망을 피해 다니는 것뿐이었다.

이런 생활은 결국 부부싸움을 원인으로 종지부를 찍게 되었다. 마약을 상습 투여한 탓인지 화를 낼 이유가 없는 상황인데도 순식간에 치밀어 오르는 화를 참지 못했다. 일단 이성을 잃게 되면 아무도 말릴 수가 없었다. 어느덧 나는 남자를 패듯 아내에게 폭력을 행사하고 있었다.

한 달에 한 번은 꼭 심한 싸움을 했다. 정신 줄을 놓고 주먹을 휘두를 때마다 아내의 얼굴은 부어올랐고 전신에 멍이 들었다.

어느 날 평소와 다름없는 싸움이 시작되었고, 화가 치민 나는 또다시 아내를 때렸다. 임신 중이었던 아내는 신변의 위험을 느껴 내 어머니의 도움을 받아 그녀의 지인 집으로 몸을 숨겼다.

아내가 사라지자 분노는 점차 가라앉았지만, 이번에는 아내를 찾겠다며 기를 썼다. 애초부터 나는 약해빠진 인간이었다. 홀로 남는 것이 싫어서 늘 아내라는 존재에 빌붙어 살았던 것이다.

아내가 내 어머니를 의지하며 살았다는 것은 진작부터 알고 있었다. 어머니라면 아내의 은신처를 알고 있음에 틀림없다고 생각한 나는 어머니 집으로 향했고, 바로 그때 내 행방을 쫓아 잠복하고 있던 경찰에게 결국 붙잡히고 말았다.

이것으로 도피생활은 끝났고, 다시 실형 판결을 받아 아키타 교도소에서 두 번째 복역 생활을 하게 되었다.

아키타 교도소

───── 2년 10개월의 실형을 받고 아키타 교도소에 수감된 나는 그곳에서 훗날 나의 장래를 크게 뒤바꿀 K를 만난다.

K는 나와 같은 조직에 소속되어 있었다. 두목을 측근에서 모신 입장이었던 그는 지위로 봐서도 나보다는 위인 사람으로, 말하자면 형님으로 봐야 할 존재였다. 교도소 안에서 K의 인격에 반한 나는 후에 그가 독자적으로 조직을 세울 때 따라붙었고, 함께 조직을 좌지우지하게 된다.

한편 나는 이 아키타 교도소 안에서 처음으로 '복음'이란 것을 접하게 되었다. 교도소 기독교 모임에 참가하면 매월 목사님의 말씀을 들을 기회를 얻었다. 그러나 당시 나는 하나님의 말씀에 일절 마음을 열지 않았다.

아키타 교도소에서 매달 한 번 있는 기독교 모임은 목사님에 의한 개인 훈계가 아니라 집단 형식이었다. 참가자들이 교실에 모이면 목사님이 모세의 십계명이나 그리스도의 생애에 대한 설교를 했고, 때로는 기독교 관련 영화를 보여주기도 했다. 항상 마지막에는 목사님이 기도를 하였고 그렇게 그 달의 활동이 종료되는 수순이었다.

나에게는 사실 목사님의 설교나 영화 따위는 아무래도 좋았다. 기독교 모임은 야쿠자 동료들과의 만남의 장소에 지나지 않았던 것이다.

모임이 열리는 2시간 전후의 시간 동안 나는 목소리를 낮춰 대각선 위치에 앉아 있던 S조직 친구와 서로의 근황 보고를 하거나 다른 정보 등을 교환했다.

그때는 전혀 눈치채지 못했지만 오늘의 내 상황을 보면 그때의 목사님의 기도도, 하나님의 말씀도, 내 인생에 커다란 영향을 미쳤던 것이라고 생각한다. 당시에는 하나님 말씀에 조금의 미동도 없었지만 하나님은 끝까지 나를 버리지 않으시고 줄곧 나의 곁에서 함께 동행해주셨던 것이다.

아키타 교도소에서의 복역은 가석방 없이 만기 일수인 2년 10개월을 꽉 채워야 했다.

막 입소했을 무렵에는 다행히도 인정미 넘치는 공장 담당 교도관을 만나 그에게 누를 끼쳐서는 안 되겠다는 마음에서 성실하게 복역 생활을 했지만, 머지않아 다시 야쿠자의 본색을 드러내며 다른 재소자에게 주먹을 휘두르고 말았다.

복역을 마치고 난 후 되돌아보니, 복역 중 폭행 소동을 두 번이나 일으켰을 정도로 미친 듯이 날뛰던 시간이었다.

조직에서
밀려난 야쿠자

────── 기다리고 기다리던 만기 출소일, 교도소 앞으로 형님과 형제들이 마중을 나와주었다. 그대로 나는 조직 본부 사무실로 인사를 갔고, 형님이나 형제들, 친구들로부터 출소 축하 인사를 넘치게 받았다. 그러나 '부정하게 모은 돈은 남아나지 않는다'는 말처럼 오랜만에 맛본 세상의 향락을 만끽하는 동안 순식간에 주머니 사정이 텅 비고 말았다.

'돈은 돌고 도는 것. 쓰면 쓸수록 다시 돌아온다'라는 말을 입에 달고 살며 버텨봤지만, 실정은 오르락내리락하는 불안정한 생활의 연속이었다.

돈이란 것은 실로 정직한 것이다. 앞날을 생각하며 견실하게 돈을 다루고 정직한 방법으로 사용하다 보면 잔고는 확실하게 늘어간다. 그러나 나처럼 충동적으로 돈을 사용하다 보면 돈은 점점 멀어져갈 뿐이다. 하나님을 위해서, 다른 사람들을 위해서 사용하면 10배, 100배로 되돌아온다는 말도 들었지만, 그땐 그런 일에 쓰고 싶은 마음이 먼지만큼도 없었다.

언제 또다시 교도소에 들어갈지 모를 일이다. 적어도 바깥세상에 있는 동안은 마음대로 돈을 쓰며 즐겨야 한다는 찰나적인 생각이 마음 깊은 곳에 자리 잡고 있었다. 그 때문에 저축을 한다는 발상 자체가 아예 없었다.

교도소와 바깥세상을 넘나드는 생활이 인생에서 거듭되었다. 게다가 경제적인 기반도 전혀 없는 상황이라 이 상태로는 여자가 따라붙을 리도 없었다.

두 번째 아내는 이미 내 곁에서 사라졌다. 이리되고 보니 신뢰할 수 있는 인간은 형님과 형제들밖에 없었고, 나는 야쿠자 가업에 더 깊이 빠져들게 되었다.

출소 후 나는 스물여덟 살 생일을 맞았다. 열여덟 살 때 야쿠자가 되었으니, 딱 10년의 세월이 흘렀다.

바깥세상으로 복귀하자마자 나는 조직의 자조직이 분리됨에 따라 이적하게 되었다. 아키타 교도소에서 의기투합했던 K형님이 신주쿠에서 자신의 조직을 세우게 되면서, 내 목표였던 조직의 두목 대행 자리로 신분 상승을 하며 형님 조직으로 옮겼다.

나는 다시 마약밀매를 주 업무로 시작하게 되었다.

얼마 동안 바깥세상에서 자취를 감췄음에도 불구하고 손님 수는 복역 전보다 눈에 띄게 늘었다. 여기에는 교도소라고 하는 곳의 숨겨진 이면이 크게 영향을 미쳤다.

대부분의 사람들은 교도소를 교육이나 갱생, 교정을 위한 시설이라고 생각하지만, 야쿠자에게 있어 교도소는 한몫하는 죄인들로부터 범죄에 관한 각양각색의 정보를 얻는 장소이기도 하고, 새로운 인재(?)를 스카우트하는 장소이기도 했다. 나아가서 출소 후 살아남기 위한 인맥을 만드는 장소였다. 야쿠자에게 있어서 교도소란 자신의 이름을 팔기 위한 사교의 장이며, 영업의 장에 지나지 않는다.

마약밀매를 했던 나의 경우 교도소는 손님을 찾기 위한 절호의 장소였다. 교도소에는 마약 사용으로 붙잡혀 온 인간들이 많이 있었다. 주변에 나의 손님들이 되어줄 인간들이 여기저기 널려 있었다는 말이다. 다시 말해, 죗값을 치르기 위해 수감된 교도소에서 나는 더한 죄를 짓기 위한 준비 작업을 착착 진행시키고 있었다.

바깥세상에서의 손님 수가 늘어 장사는 순조롭게 보였다. 그러나 그것은 표면적인 일이었을 뿐 나는 자멸의 길로 한 걸음씩 나아가고 있었던 것이다.

 마약을 상습 투여하고 있었지만 그때까지만 해도 간발의 차이로 간신히 컨트롤은 가능할 정도였다. 거기다가 두 번의 징역으로 충분히 겁을 집어먹은 나는 이제 약 사용을 자제하고 판매에만 전념하기로 결심했다. 그러나 내가 얼마나 흐지부지한 인간인지 금방 다시 깨닫게 되었다.

 우리 조직에 나처럼 약을 즐겨 애용하던 의형제가 있었다. 그와 나는 자주 함께 시간을 보내며 놀았다. 그런 그가 만날 때마다 "딱 한 번만"이라며 나를 유혹했던 것이다.

 처음에는 거절도 했지만 결코 마약을 싫어할 수 없었던 나는 점차 거절의 말에 힘이 빠지기 시작했다.

 "그럼 마지막으로 딱 한 번만이다."

 그런 말을 뱉으며 한 번에서 두 번이 되었고, 두 번이 세 번이 되어, 정신을 차려보니 약에 허덕이던 옛 생활로 완전히 되돌아가 있었다.

 마약에 빠지면 몸만 망가지는 것이 아니라 신용도 잃게 된다. 시간관념이 느슨하게 풀려 누군가와 약속을 잡아도 시간 안에 약속 장소로 갈 수가 없다. 경우에 따라 약속을 펑크 내기도 하지만 더 악화되면 아예 약속을 지킬 수 없게 되거나, 거짓말과 변명만 일삼게 된다. 이렇게 서서히 신용이 무너져내리고 만다.

나도 이런 수순을 밟게 되자 나에 대한 신뢰는 바닥으로 떨어졌고, 실망을 느낀 사람들로부터 점차 외면당하게 되었다.

그럼에도 불구하고 나는 상황의 심각성을 전혀 느끼지 못하고 있었다. 조직원 중에서 나는 가장 오래된 고참이었고, 두목인 형님도 내 일이라면 뭐든지 용서해주니까 그런 상황에 빌붙어 산 것이다.

그러나 언제까지나 용서받을 만큼 현실은 달콤하지 않았다.

어느 날, 조직의 소집 모임을 무시해버리고 마약을 팔겠다며 군마 현으로 외출을 하고 말았다. 이 일만큼은 형님조차 눈을 감아줄 수가 없는 치명적인 실수였고, 형님이 호출하여 이제 두목 대행 자리를 다른 형제에게 넘겨주라고 명령했다.

간신히 손에 넣은 자리였다. 야쿠자로서 살아가려면 있던 자리를 소중하게 생각해야 했는데, 나는 그 자리에 오래 앉아 있을 수가 없었다.

야쿠자들 사이에서 자주 하는 말이 있다.

"야쿠자 짓은 멍청하면 어렵다. 똑똑해도 어렵다. 어정쩡하면 더욱 어렵다."

나는 이 말 속의 어정쩡한 인간이었다. 10년의 세월 동안 그럭저럭 야쿠자 가업을 이어올 수 있었지만, 그 길을 단단하게 다져놓을 만큼의 재주는 없었던 것이다.

사생활 역시 하강선을 타고 있었다.

두 번의 이혼을 겪고, 이번에 내연의 처를 갖게 되었지만 동시에 다른 여자를 애인으로 두고 있었다.

애인은 나의 마약 사용 사실을 늘 불안하게 생각했다. 그녀의 집에서 마약을 맞고 있으면 제발 그만두라는 잔소리를 멈추지 않았다. 아무리 말려도 나는 들을 마음조차 전혀 없었다. 오히려 수면제 중독이었던 그녀를 향해, "수면제 중독인 너한테 들을 말은 아니지!"라며 짜증을 부리기도 했다.

애인은 나에게 내연의 처가 있다는 사실을 어렴풋이 알게 되었던 모양이다. 그러던 어느 날, 드디어 나에 대한 애증이 뒤엉킨 감정을 억제하지 못하고, 손에 쥐고 있던 식칼로 내 등을 찔렀다.

상처는 등 쪽 표피를 가볍게 관통하고 흉막에까지 닿았다. 피투성이가 된 나는 어떤 환자가 와도 절대로 경찰서에 신고하지 않는 곳으로 알려진 도내 병원으로 달려가 찔린 상처를 봉합했다. 이때의 칼부림이 원인이 되어 그 여자와는 이별했다.

'이런 일상에서 벗어나고 싶다…….'

나는 몇 번이나 그런 생각을 하며 생활방식을 고쳐보려고 애를 썼지만 그러한 소망은 매번 무언가로 인해 무너져버렸다.

조직의 두목 대행 자리를 넘겨준 나는 될 대로 되라는 심정으로 점차 조직에도 얼굴을 내밀지 않았다. 마지막까지 형님은 듣기 싫은 소리 한 마디 하지 않는 사람이었지만, 실질적으로는 자리에서 쫓겨나 거의 파문과 다름없는 처지로 전락하고 말았다.

조직에서 도망친 나는 조직의 입장을 되돌리고자 일단 특기인 마약밀매로 사제들을 모으고, 그들을 이끌고 개선장군처럼 조직으로 복귀하겠다는 생각을 어렴풋이 하고 있었다.

경찰 조사와 교도소행

스즈키 목사님에게 보낸 편지

나는 새로 살고 싶다

이 하나님은 틀림이 없다!

세 번째 교도소 생활

야쿠자와 크리스천 사이

제3장 예수 그리스도와의 만남

경찰 조사와
교도소행

───── 머릿속 생각과는 달리 그 후 내가 조직의 환영을 받으며 개선하는 일은 없었다.

앞서 말한 대로 조직에서 이탈한 후 마약밀매 생활을 하며 지낸 지 1년 정도 지났을 무렵, 나는 니혼바시의 주유소에서 파트너와 함께 체포당했던 것이다.

30여 명 이상의 경찰관들이 주위를 둘러싸고 있는 모습을 보면 순간적으로 눈앞이 새까매진다. 아무튼 130그램의 환각제를 영리 목적으로 소지하고 있었기 때문에 내 전과와 폭력단 경력을 생각하면 최저 5~8년 형을 피할 수 없었다. 나는 마지막 발악으로 어떻게 해서든 이 수라장을 피하려고 머리를 굴리며 필사적이 되었다.

이 시점에서 나에게 걸려 있는 용의는 자동차 도난뿐이었다. 주유소에 맡겨놨던 차는 마약 값을 지불하지 못한 손님한테 담보물로 빼앗은 자동차였는데, 그 차가 손님이 도둑질한 자동차였던 것이다. 경찰은 그 일을 조사를 통해 알아냈고 우선 그 건으로 나를 잡으려고 했다.

'우선, 절도죄를 뒤집어쓰고 나만 잡히자.'

그렇게 생각한 나는 환각제가 들어 있는 가방을 파트너의 가방이라 말하고 우선 그를 돌려보내려고 했다.

신원 조회를 마친 경찰은 나에게 마약 사용 전과가 있다는 사실을 알고 있을 것이다. 그러면 그 자리에서 환각제 사용을 조사하기 위한 간이 소변검사를 할 것이다. 나는 소변검사에 응하는 척하다가 도망칠 계획을 세워놓고 있었다.

그런데 저쪽 떨어진 곳에서 경찰의 질문을 받고 있던 파트너가 가방 주인이 본인이 아니라고 주장하였다.

두 사람의 말에 모순이 생기자 경찰은 의심의 눈초리로 바라보며 점점 더 우리를 수상하게 생각했다.

절대로 가방을 열지 않으려는 우리 두 사람과 경찰의 신경전이 벌어졌다. 그러나 권력을 상대로 이길 힘은 없었고 결국 가방은 열렸다.

가방 안에는 소분해서 나눈 130그램의 마약 외에 주사기, 환각제 연기를 흡입하기 위한 유리 파이프가 들어 있었다. 경찰이 그것들을 확인하는 것을 눈앞에서 보던 나는, 이것으로 모든 것이 끝났다고 체념했다.

　파트너도 마약 공동 소지 혐의를 쓰고 현행범으로 체포당했다. 내 차를 찾으러 가는 길에 동행했을 뿐인데 함께 휘말린 것이다. 미안하다는 생각과 함께 물건은 역시 호텔에 두고 왔어야 했다는 후회를 했다.

　가방은 내 소유로 압수당했지만, 조사가 진행되는 과정에서 파트너가 쓴 메모가 가방 안에서 발견되었다. 거기에는 '신도 타츠야에게 100그램 빌려줌'이라고 쓰여 있었다. 이것이 증거가 되어 이 가방의 진짜 주인은 파트너라는 판단이 내려졌고, 영리 목적 소지에 대해서는 파트너가 죄를 뒤집어쓰게 되었다.

　구치소에서 파트너와는 서신을 주고받으며 서로를 격려했다. 결과적으로 죄를 뒤집어쓰게 된 그였지만, 불평 한마디 하지 않고 나를 원망하지도 않으며 이전과 마찬가지로 친구로서 대해 주었다. 그 친구의 그릇의 크기에 나는 그저 놀랄 뿐이었다.

　생각하면 할수록 나는 운이 좋았다고 생각한다. 체포 3주 전, 우리들은 2킬로의 환각제를 소지하고 있었다. 만약 그 시점에 체포되었다면 우리들은 지금까지 교도소 안에 있어야 한다. 체포 시점에 소지하지 않았을 뿐, 원래는 10년 이상의 징역형이 내려질 중죄를 우리들은 범하고 있었던 것이다.

세 번째 교도소행이 결정 나자, 결국 내연의 아내에게도 나는 버림받았다.

그녀가 도쿄 구치소로 마지막 면회를 와주었을 때, 나에게 그녀는 성경을 남기고 떠났다. 그 성경이 앞으로의 나의 인생을 얼마나 엄청나게 뒤흔들지 그때는 꿈에도 생각할 수 없었다.

스즈키 목사님에게
보낸 편지

─────── 이송된 도쿄 구치소 안에서 나는 나락으로 떨어지는 기분을 맛보며 앞으로의 일을 생각했다.

징역을 마치고 출소한 후 설령 조직으로 돌아갈 수 있다고 해도 이전과 같은 지위를 되찾는 것은 불가능하다. 그렇다면 다시 졸병부터 시작해야 한다. 그러나 나에게도 오랜 시간 야쿠자를 해왔다는 자부심이 있다. 일개 졸병으로는 자존심이 상해 절대 돌아가지 못한다.

그런 불안을 품고 생활하던 중에 불현듯 '미션 바라바'가 머릿속에 떠올랐다.

미션 바라바는 전직 야쿠자들이 결성한 전도 집단인데, '누구든, 다시 한 번 새로 일어설 수 있다!'를 슬로건으로 포교 활동을 하며 자신들의 사연을 엮어 책을 내기도 했다.

야쿠자 세계에서 그들은 많이 알려진 존재였다. 실제 그들의 책은 교도소 안에 있는 야쿠자들에게도 많이 읽혀지고 있었다.

내가 과거에 미션 바라바의 책을 읽은 것은, 두 번째 징역으로 아키타 교도소에 수감되었을 때였다. 당시 책을 읽고 느낀 것은 다 부정적인 생각뿐이었다.

'냄새나는 인간들이네. 야쿠자로 먹고살다가 이번에는 목사 흉내 내면서 먹고살려고?'

나는 그들을 사기꾼으로 취급했었다.

아키타 교도소를 출소한 후에는 미션 바라바를 완전히 잊고 지냈고 야쿠자 가업에 매진하고 있었다. 그러다 어느 날, 집 벽장을 정리하다 우연히 선반 위에 놓여 있던 미션 바라바의 책을 찾았다. 나는 그들의 정체를 밝혀봐야겠다고 생각하고, 그 책의 저자이며 미션 바라바의 대표를 맡고 있던 실로암그리스도교회 '스즈키 히로유키 목사님'에게 전화를 걸었다.

"K조직 신도라고 합니다만……."

전화를 받은 스즈키 목사님을 향해 그렇게 말을 걸자 놀랍게도 스즈키 목사님은 이렇게 대답했다.

"아~ K조직 신도 씨 되십니까? K조직은 잘 알고 있지요."

'비위를 잘도 맞추는구나' 하고 비웃어줄 생각이었지만 수화기를 통해 들려오는 스즈키 목사님의 청량함에 나는 점차 압도당하고 있었다.

사실 전화를 걸기 전까지는 그에게 "이 사기꾼 목사야!"라고 호통을 쳐줄 생각이었다. 그런데 오히려 죄악감에 사로잡힌 나는 "야쿠자 짓 그만할 수 있도록 기도나 해주세요……"라며 영문도 모를 말만 내뱉고는 전화를 끊었던 것이다.

도쿄 구치소 안에서 이런 옛날 생각이 문득 떠오르자, 나는 스즈키 목사님에게 편지나 써보자는 생각이 들었다. 편지 내용은 '감형 탄원서'를 써달라고 하는 정말 뻔뻔하기 그지없는 내용이었다. 교도소에 다시 들어가는 일로 견딜 수 없을 만큼 불안감을 느끼고 있던 나는 지푸라기라도 잡고 싶은 심정이었다.

'전화로 한 번밖에 말을 나눈 적이 없는 나 같은 사람을 위해 과연 답장을 해줄까…' 생각하며 상당히 실례가 되는 통화를 했던 만큼 답을 줄 가능성은 거의 없을 거라 예상했다. 그런데 놀랍게도 스즈키 목사님은 나를 위해서 감형 탄원서를 써주었다. 일면식도 없는 나에게 은혜를 베푼 스즈키 목사님에게 나는 한없이 감사한 마음이 들었다.

나는
새로 살고 싶다

─────── '가능만 하면 새롭게 살고 싶다!'

구치소 안에서 언제부터인가 그런 생각을 하고 있었다.

마약 소지죄는 파트너가 뒤집어썼기 때문에 5년 이상의 형을 받을 일은 없었다. 그러나 짧아도 2년 이상의 형은 피할 수 없을 것이다. 그 일을 생각하면 나는 무너질 만큼 불안한 마음에 휩싸였고 고통스러웠다.

출소 후를 생각하면 불안감은 점점 더 부풀어 올랐다. 지금까지 나는 평범한 일은 한 번도 해본 적이 없는 서른 살의 남자다. 학력이 없는 것은 물론 왼손 약지도 없다. 게다가 팔을 걷으면 문신투성이다. 이런 인간이 과연 사회에서 갱생할 수 있을까.

고민은 날마다 커져만 갔다.

아침부터 밤까지 구치소 안은 아무것도 할 일이 없었다. 그러다 성경 안에 답이 있을지도 모른다는 생각에 나는 마침 내연의 처가 남기고 간 성경을 손에 들고 구약과 신약 양쪽을 동시에 읽어나가기 시작했다.

그리하여 도착한 곳이 구약 '에스겔서 33장 11절'이었다.

> 너는 그들에게 말하라
> 주 여호와의 말씀이니라
> 나의 삶을 두고 맹세하노니
> 나는 악인이 죽는 것을 기뻐하지 아니하고
> 악인이 그의 길에서 돌이켜 떠나 사는 것을 기뻐하노라
> 이스라엘 족속아 돌이키고 돌이키라
> 너희 악한 길에서 떠나라
> 어찌 죽고자 하느냐 하셨다 하라

처음에는 어쩌면 내 삶에 무언가 힌트라도 있지 않을까 생각하고 읽기 시작한 성경이었다. 그러다 이 에스겔서 33장 11절을 만났을 때 느꼈던 충격은 재미있다든가, 공감할 수 있다든가 하는 수준의 것을 훨씬 뛰어넘은 다른 차원의 이야기였다.

거기에 적힌 한 글자 한 글자가, 내 눈앞으로 둥둥 떠오르듯 다가오는가 싶더니 머릿속이 텅 비어버리고 만 것이다. 나의 시선은 못질이 된 듯 고정되어버렸고, 계속해서 읽으려고 다음 페이지를 넘기려고 했지만 손가락이 전혀 움직이지 않았다.

간신히 다음 페이지를 넘긴 후에도 나도 모르게 다시 에스겔서 33장 11절로 되돌아가, 몇 번이고 읽고 또 읽고 다시 읽었다. 읽을 때마다 하나님의 말씀은 입체적으로 떠올라서 신비롭게 내 마음을 물들이고 있었다. 이런 행복감을 맛본 적은 태어나서 지금까지의 인생에서 단 한 번도 없었다.

독방에 갇혀 있었던 나는 순간 너무 기뻐서 "살았다, 살았다!" 하고 만세를 부르며 뛰어다녔다. 담당 교도관이 의아한 눈길로 노려보며 "어이, 조용히 앉아 있어!"라며 주의를 줄 정도였다.

제2의 인생의 출발점을 나는 이 성경 한 구절로 받은 것이다. 하나님은 나를 알고 계신다. 그리고 하나님은 내가 인생을 새롭게 살기를 바라신다. 지금까지 성경에 대해서 제대로 배워본 적이 없었던 나였지만 왠지 그 사실만큼은 확실하게 알 수 있었다.

분명하게 하나님은 살아계신다. 게다가 야쿠자를 그만두고 크리스천이 되면 사회복귀도 가능해진다. 입으로 설명할 수 있을 만큼의 논리적 근거는 없었지만 나는 그것을 강하게 확신했다.

지금까지 하나님이나 예수님을 단 한 번도 생각해본 적이 없던 나였지만 일순간 머릿속에 성경과 하나님, 그리고 예수님으로 꽉 차게 되었다. 그 급격한 변화에 나 스스로도 놀랐지만, 하나님의 사랑을 받고 있다는 그 충만한 감각은 무엇과도 바꿀 수가 없었고 나의 마음은 점점 온화해지고 있었다.

야쿠자로 구치소에 들어왔지만 이후 많은 점에서 나는 바뀌게 되었다.

이 하나님은
틀림이 없다!

─────── 나는 구치소 안에서 성경에 몰두했다. 그러나 그 말씀이 품고 있는 의미를 이해하기에는 어려움이 많았다.

나에게는 성경 내용을 가르쳐줄 사람이 필요했다. 그때 생각난 분이 '전도지 전도'로 유명한 '츠키오카 세이코우 선생님'이었고, 나는 당장 편지를 썼다. 얼마 후 츠키오카 선생님이 직접 쓴 편지가 도착했는데, 나는 그 내용에 크게 놀랐다.

당신의 주소가 도쿄 구치소이지요? 내 친구도 전에 그곳에 있었습니다만 예수님을 믿고 난 후 지금은 정정당당하게 살고 있습니다. 믿으십시오. 당신은 사랑받고 있고, 구원을 받은 것입니다.

많은 죄를 짓고 타인들을 괴롭히며 살아왔던 야쿠자인 나에게 츠키오카 선생님은 조건 없는 하나님의 용서를 선언해주었던 것이다.

'이런 일이 있을 수 있는가? 미움받지 않는다는 게 아니라, 사랑까지 받는다고? 내가 사랑을 받아도 괜찮은 존재인가? 절대로 용서받지 못할 죄만 짓고 살아온 내가 용서를 받다니, 그런 일이 정말 있을 수 있다고……?'

여러 생각이 교차했지만 선생님의 편지를 읽으면서 나는 뭔지 모를 평안함을 느꼈다.

츠키오카 선생님의 편지를 읽고 확실하게 이해할 수 있었던 것은 성경은 바로 '예수 그리스도'의 말씀이고, 나아가서는 '나'에게 들려주시는 하나님의 말씀이라는 것이었다. 그것을 깨닫고 난 후 나는 점점 더 일심불란이 되어 성경을 읽어나갔다. 스즈키 목사님이나 츠키오카 선생님을 통해 나는 하나님의 말씀의 본질을 접할 수 있었다.

'이 하나님은 틀림이 없다! 절대 지지 않는 승부다!'

도박쟁이였던 내가 절대로 지는 일 없는 하나님께 나의 전 생애를 걸고, 이제부터 어디든지 하나님만 따라가리라고 마음속 깊이 맹세를 했다.

하나님을 따르겠다고 마음을 정한 후, 내가 우선 시작한 것은 나의 인생을 되돌아보고 회개를 하는 일이었다.

나에게 있어서 나의 인생을 뒤돌아보는 일은 너무나 고통스러운 일이었다. 지금까지 잊고 지냈던 수많은 죄들이 떠올랐다. 그때마다 죄책감에 시달리며 마음이 아팠다.

그러나 그것을 통하지 않으면 그리스도의 사람이 될 수 없다. 그리스도인이 되기 위한 첫 보라고 생각하고 나는 도망치지 않고 회개를 시작했다.

세 번째 교도소 생활

───── 판결이 내려지기까지 구치소 생활은 계속되었다. 구치소라는 곳은 기본적으로 미결수가 들어오는 곳이기 때문에 징역을 행할 일이 없다. 아침에 일어나서 청소를 하고 점호를 마친 후 아침 식사를 한다. 이후 점심까지 할 일이 아무것도 없었다.

특히 나의 경우 독방에 있었기 때문에 대화할 상대도 없었고, 책을 읽는 정도 외에는 아무것도 할 일이 없었다. 그 덕분에 오히려 나는 차분한 자세로 성경을 읽을 수 있었다.

체포당한 지 3개월 후 드디어 판결이 내려졌고, 징역 2년 4개월이라는 형을 언도받았다.

2001년 당시, 징역인이 친족 이외의 사람과 서신이나 면회를 하는 것은 허락되지 않았기 때문에 교도소로 이송된 후 츠키오카 선생님과의 서신 연락은 중단될 수밖에 없었다.

형이 확정되기 전, 나는 츠키오카 선생님께 계속해서 성경이나 하나님에 대한 배움을 이어가고 싶다고 상담을 청했다. 그러자 선생님은 '국제 성경 통신학교'에서 무료로 하고 있는 통신 강좌를 권해주었다.

그러던 와중에 세 번째 교도소 생활이 시작되었다. 내가 보내지게 된 곳은 시마네 현 마츠에 교도소였다.

교도소 생활도 세 번째나 되다 보니 그곳 생활에 익숙해지는 데도 그리 시간이 걸리지 않았다. 그러나 한편으로 1개월의 시간을 흘려보내며 나는 성경 말씀에 대한 목마름으로 갈증을 느끼게 되었다.

츠키오카 선생님이 보내주신 통신 강좌 신청 용지는 손안에 있었지만, 신청을 해도 친족 이외의 편지는 받아들여지지 않는 상황이었다. 나는 생각에 생각을 거듭하다가 교육과장 면접을 신청했다.

"어떻게 해서든 성경을 배우기 위한 통신 강좌를 받고 싶습니다."

나는 기도하는 마음으로 교육과장에게 부탁을 했다.

통상 어떤 바람이라도 십중팔구는 깨끗하게 거절당하는 것이 교도소였다. 밑져야 본전이라고 생각은 했지만 나의 기도를 들어주신 하나님은 교육과장의 마음을 움직여주었다.

교육과장은 온정을 보이며 타협책을 제안해주었다. 내가 교도소에서 직접 신청하는 것은 무리지만 어머니에게 보내는 서신 안에 통신 강좌 신청서를 함께 넣어 동봉하고, 강좌 개시 후 교과서를 받은 어머니가 편지와 함께 강좌 교과서를 내게 보내주는 것은 허락해주었다. 이리하여 성경을 정식으로 배울 수 있는 환경이 마련된 것이다.

그 무렵의 교도소에서는 모든 수감자에게 1부터 4까지의 등급을 매겼다. 입소 직후 4등급에서 시작해서 복역 태도가 좋으면 등급이 올라가는 시스템이었다. 3등급이면 2개월에 한 번 과자가 배급되었고, 2등급이 되면 1개월에 한 번 영화를 볼 수 있었다.

4등급에서 시작한 나는 달에 한 번 있는 서신 교환만 인정받았다. 하루라도 빨리 다음 통신 강좌 교과서를 읽고 싶었던 나는 늘 갈증을 느끼며 살았다.

내가 무엇보다 낙으로 삼고 있었던 것은 이미 은퇴한 목사님이신 '히토시 미치코 선생님'의 친필 답안이었다. 성실하게 살아온 사람이 성실한 태도로 나를 대해준다는 이 감동과 기쁨은 아무리 표현해도 부족할 정도로 감사한 일이었다.

츠키오카 선생님도, 히토시 선생님도, 생생한 그리스도의 사랑을 가진 훌륭한 사람들이었다. 나는 선생님들의 말씀에 몇 번이나 마음이 요동쳤다. 게다가 선생님들께 도움을 구하며 교도소에서 성경을 배운 덕분에 훗날 입학하게 될 신학교를 위한 초석을 다질 수 있었다.

야쿠자와
크리스천 사이

───── 상당히 주제넘은 말일 수도 있지만 하나님을 따르는 크리스천이 되겠다고 마음먹은 순간부터 나는 전도자를 꿈꾸고 있었다.

성도로 오랜 기간을 보내고 그 후 정식으로 학문을 닦아서 목사님이 된 사람들에 대해 나는 아낌없는 경의를 표한다. 그들은 크리스천으로서의 경험이 풍부하고 성도들의 마음도 잘 헤아리며 이해심이 깊을 것이다. 그러나 성경을 읽다 보면 성도였던 시간의 길이와 신앙심의 깊이가 반드시 비례하는 것이 아니라는 것을 알게 된다.

신앙은 시간적인 길이에 의해 측량되는 것이 아니라 하나님 말씀의 실행력으로 측량된다.

어떤 사람은 갑작스럽게 하나님의 부름을 받고 예언자가 되기도 하고, 또 바울처럼 박해자에서 전도자로 변신한 사람도 있다.

나를 바울과 비견하는 것은 낯 뜨겁기 그지없는 일이지만 교도소에서의 나는 바울이 되겠다는 심정으로 열심을 다해 성경을 배우고 있었다.

그리스도 박해자에서 전도자로 변신한 바울 역시 당장 전도자가 될 수 있었던 것은 아니었다. 그는 아라비아의 광야로 나아가서 성경을 확실하게 마주하고 그리스도가 구세주임을 확신한 후 베드로를 만나러 갔고 사도가 되었다.

나는 2년 4개월을 보내게 될 교도소를 스스로의 '아라비아의 광야'라고 여기며 성경 학습에 매진하였다.

그런데 크리스천이 되겠다고 맹세하자마자 다른 큰 문제가 발생했다.

하나님을 알게 된 이상 야쿠자로 살아가는 것은 용서받지 못할 일이라는 것을 깨달은 것이다. 심사숙고한 후, 나는 야쿠자를 정식으로 그만둘 결심을 하고 교도소에 탈퇴신청서를 냈다.

수감 중인 야쿠자로부터 탈퇴신청서를 받으면 교도소는 그것을 관할 경찰서에 제출한다. 그러면 경찰은 재소자가 소속되어 있던 조직에 재소자의 탈퇴를 확인하러 나가게 된다. 그러나 나의 경우 탈퇴신청서를 낸 것까지는 좋았지만, 조직의 두목이었던 형님이 탈퇴를 인정해주지 않았다. 생각해보면 당연한 이야기다.

지금까지 수없이 많은 신세를 졌고, 부족한 나를 특별한 배려로 조직의 두목 대행 자리까지 올려준 사람이 형님이었다. 그런데 조직을 이탈한 것도 부족해서 징역까지 먹고, 안전한 교도소 안에서 허락도 없이 "그만두겠습니다"라고 하는 건 너무나도 염치없는 일이었다. 또한 정식으로 파문장을 내지 않고 도망치듯 나온 나를 돌아올 때까지 기다려준 형님에게 지나친 실례였다. 나는 모든 일들을 너무나 가볍게 처리했던 것이다.

형님은 관서 지방에서 흘러들어온 야쿠자였다. 나는 이 형님이 누구보다 소중하고 좋았다. 배짱도 두둑하고 인정미도 있었으며, 자신을 포장하지도 않는 있는 그대로의 사람이었다. 형님의 부인도 상냥한 사람으로 나를 친동생처럼 아껴주었다.

형님이 조직을 세울 때까지 나는 하루 종일 형님을 따라다녔고, 다른 젊은 의형제들과 함께 가족과도 같은 관계를 쌓고 있었다.

조직이 결성된 것은 형님이 서른네 살, 나는 스물여덟 살 때의 일이다. 나는 형님의 사제라면 몰라도 조직의 두목 대행자로서의 그릇은 아니었다. 그런데 형님은 부족했던 나를 믿고 그 자리에 발탁해주었던 것이다. 그러나 그 결과 나는 점점 더 건방진 사람이 되어버렸다.

어느 날, 사무실용으로 산 자동차를 사적으로 굴리다가 본인 과실 음주운전으로 대파시킨 적이 있었다. 그때만큼은 나도 크게 놀라 손가락을 자를 결심을 했다. 내가 일으킨 싸움이 원인이 되어 조직 간의 항쟁 소동을 일으킨 적도 있었기 때문에, 한 번쯤은 수습을 해야겠다는 생각을 한 것이다.

정과 망치를 준비한 것까지는 좋았는데 스스로의 힘으로는 도저히 처리하기 어려웠다. 동료들한테 부탁도 해봤지만 "그런 짓은 삼가라" 하는 말만 되돌아왔다.

결국 요코하마의 지인 야쿠자에게 부탁하게 되었고, 그 역시 처음에는 달가워하지 않았지만 몇 번에 걸친 내 부탁에 결국 받아주었다.

"그렇게까지 말하니 해줄게. 대신 원망이나 하지 마."

나의 잘못으로 자르는 손가락이니, 살릴 필요도 없는 손가락이었다.

잘린 손가락을 들고 형님을 찾아가 사죄를 드리니, 형님은 고함을 질렀다.

"자동차 같은 건 다시 사면 된다 아이가! 타츠야 손가락은 다시 자라는 게 아니잖아! 제멋대로 행동하지 말고 쫌!"

그런 말을 하고 형님은 눈물을 흘리며 울고 있었다. 그런 모습을 보며 나는 평생 이 사람을 따르겠다고 결심했었다.

그런데 이 형님을 이길 존재가 내 앞에 나타난 것이다. 그 존재는 바로 하나님이신 주 예수 그리스도이다. 이분이야말로 진실로 나를 위해 목숨조차 던져주신 영원한 구세주였다.

형님은 탈퇴를 인정해주지 않았지만 내 마음은 이미 정해졌다. 순수하게 하나님만 믿고 의지하며 크리스천으로서 살아가기로 결심한 것이다. 그렇게 마음속으로는 결심이 대단히 강했지만 막상 나를 둘러싼 환경은 그렇게 녹록하지 않았다. 누군가 야쿠자였던 내가 당장 크리스천으로 바뀔 수 있었는지 묻는다면 그것은 정말로 어려운 일이라고 대답할 것이다.

형님의 존재는 변함없이 너무 좋았다. 그리고 감사의 마음도 컸다. 그런 만큼 형님에 대한 마지막 충성으로 내가 해야 할 일은 야쿠자로서 반듯하게 징역을 잘 마치는 일이었다. 복역 중 내 조직이 얕잡아 보일 일은 절대로 하지 말자고 다짐했다.

그러나 크리스천 지원자로서의 태도와 야쿠자로서의 태도에는 커다란 차이가 있었다. 나는 이런 모순으로 야쿠자와 크리스천 사이에서 큰 고민에 빠지곤 했다.

예를 들면 교도소 안에서 얻어맞거나 욕을 들으면 그것은 형님의 얼굴에 먹칠을 하는 것이고, 본인이 소속된 조직을 우습게 만드는 일이다. 그래서 교도소 안에서 싸움이 벌어지면 마음속으로는 하나님께 죄송해하면서도 상대방을 때리고 있었다.

지금 생각해보면 나의 신앙은 너무나 어렸다. 진실로 하나님을 믿는 자라면 하나님이 반드시 지켜주실 것을 믿고, 완전한 무저항주의를 관철했어야 했는지도 모른다. 다시 말하자면 진정한 크리스천이 아니라 아직 야쿠자였던 것이다.

출소 후 새로운 출발

야쿠자 형님과의 전화

두목을 찾아가서 한 사죄

세상의 장벽

교회 숙식 생활과 갱생하우스

야쿠자와 크리스천의 공통점

JTJ 선교신학교 입학과 열등감

은사 나카노 목사님과의 만남

라면친목회와 힘겨운 아르바이트

죽음의 기로에 선 친구

헤어진 자식과의 재회

수치스러운 과거가 무기가 되다

교회를 세우다

제4장

전직 야쿠자 신학생

출소 후
새로운 출발

─────── 길었던 2년 4개월이 지나 출소일을 맞았다. 통상 야쿠자는 이른 아침에 내보냈고 조직의 형제들이 마중을 나온다. 내 경우는 야쿠자라고는 해도 사실상 조직에서 밀려나 이탈한 상태였기 때문에 마중 나온 사람이 한 명도 없었다.

먼 지역으로 돌아가는 출소자를 위해 교도소는 JR 편도 티켓을 준비해준다. 그 표를 손에 쥔 나는 택시를 타고 마츠에 역으로 향했다.

마츠에에서 산인 본선(JR선)을 타고 하쿠비선을 경유해서 오카야마로 갔다. 2년 4개월 동안 전철을 탄 적이 없었기 때문에 산간을 가로질러 달리는 산인 본선에 멀미를 하며 도중에 몇 번이나 구토를 했다. 울렁거림을 참으며 오카야마에 도착했고 이번에는 신칸센으로 갈아타고 도쿄로 향했다.

내연의 처는 이미 사라졌다. 우리들이 살았던 집은 이미 계약해지되었고, 가구나 옷들도 다 처분되고 없었다. 망연자실했지만 무슨 일이 있어도 조직으로 돌아갈 생각은 없었다. 이런 상황에서 내가 의지할 곳은 어머니뿐이었다.

도쿄 역에서 전철을 타고 아라카와 철도를 건너 어머니가 사는 아파트에 도착했다. 나는 무릎을 꿇고 머리를 조아리며 지금까지의 불효를 어머니께 사죄드렸다.

"지금까지 불효만 저질렀습니다. 용서해주세요, 어머니. 앞으로는 정상적인 인생을 살겠습니다. 어머니의 아들로 태어나서 너무 감사합니다."

이렇게 말하는 내 모습을 본 어머니는 도대체 아들한테 무슨 일이 생겼는지 의아해하면서도 감동한 얼굴이었다. 교도소 안에서 성경을 공부한다는 사실은 알고 있었지만, 표정뿐만이 아니라 행동거지까지 바뀌어버린 아들을 보고 어머니는 상당히 놀랐던 모양이다.

야쿠자 시절, 어머니는 자주 이런 말을 했다.

"야쿠자는 야쿠자의 얼굴로 변해. 야쿠자는 야쿠자의 걸음걸이를 하지. 야쿠자는 야쿠자만의 눈초리가 따로 있어."

실제로 막 야쿠자가 되었을 무렵, 동료들이 권하는 펀치 퍼머를 하고 야쿠자 스타일의 양복으로 온몸을 감싸고 다니면서 눈초리는 점점 더 날카로워졌고, 행동거지도 야쿠자 냄새를 풍기게 되었다.

그러나 그런 일들은 모두 과거의 일이었다. 야쿠자에서 발을 씻겠다는 내 결의는 굳건했다.

아버지는 밖에서 여자를 만들어 어머니와는 이미 이혼을 한 상태였다. 외동이었던 나는 이대로 가다가는 홀로 남게 될 어머니가 염려되어, 두 번째 징역을 마친 후 '노무라'라는 성에서 어머니의 성인 '신도'로 바꿨었다.

아파트에는 친부가 쓰던 방이 그대로 있었다. 나는 어머니의 허락을 받고 그곳에서 생활하게 되었다.

내가 출소했다는 소식은 동네 지인들 사이로 퍼져 나갔다. 집으로 돌아온 당일, 몇 명의 친구들이 찾아와 나를 위한 출소 축하 파티를 열어주었다. 그중에는 고등학교 때 친구 Y, 훗날 기적을 통해 부모, 자식 모두 크리스천이 된 친구 T도 있었다.

친구라는 존재는 정말로 고마웠다. 옷도 휴대전화도 없던 나에게 친구 Y는 10만 엔이나 되는 축하금을 티도 내지 않고 은근슬쩍 건네주었다.

나는 이 10만 엔을 들고 지금까지 한 번도 들어가 본 적이 없던 유니클로에 들어가 바깥세상에서 평범하게 살아가기 위한 옷을 준비했다.

그렇게 간신히 출발 지점에 선 나였지만, 스타트와 동시에 유혹과의 전쟁이 시작되었다. 그것은 내가 출소한 것이 알려지자 내 휴대전화 번호를 누군가로부터 손에 넣은 옛 손님들이 잇달아 전화를 걸어왔던 것이다. 지금에야 수치스러운 일이 되었지만 나는 싸고 질 좋은 마약을 상시 제공할 수 있었던 사람이었다. 그 탓에 오히려 내 출소를 기다리고 있던 손님들이 줄을 이었다.

"신도 씨, 예전처럼 잘 부탁해요."

이런 전화가 끊임없이 걸려왔다.

어머니가 가라오케 선술집을 하고 있었기 때문에 그곳에 가면 반드시 나와 연락이 될 거라고 생각하고 찾아오는 사람들도 많았다. 어머니는 내 친구들을 차별하는 사람이 아니었기 때문에 찾아오는 사람들한테는 모두 친절하게 대해주었다. 이렇게 옛 손님들과 갱생에 도움이 되지 않는 친구들이 나를 빈번하고 끈질기게 찾아왔다. 더욱 곤란했던 것은 옛 손님들에다 교도소에서 함께 복역했던 사람들까지 나와의 접촉을 원했던 것이다.

"그러고 보니 자네, 싸고 좋은 물건을 손에 넣은 적이 있다고 했었지?"

그런 말을 하면서 연락이 왔다. 그때마다 나는 평범하게 살게 되었다는 사실을 설명했다.

이런 대화를 나누는 동안에도 옛 손님들로부터의 전화벨이 울리곤 했다.

"난 이제 야쿠자 그만뒀어요. 이제는 크리스천이라, 약 같은 거 취급하지 않아요."

나는 그들에게 같은 설명을 몇 번이나 거듭 반복했다.

"또 농담하시네. 신도 씨가 크리스천? 웃기는 소리 하지 마세요."

처음에는 아무도 내 말을 믿어주지 않았다. 그럼에도 불구하고 몇 번이나 연속해서 설명을 하니, 내가 옷을 벗었다는 사실을 믿어주지 않았던 사람들도 서서히 내 진심을 이해해주었고, 전화를 걸어오는 일도 없어지게 되었다.

대부분은 그렇게 이해해주었지만 단 한 명, 아무리 시간이 지나도 끈질기게 전화를 걸어오는 인물이 있었다.

그의 집착은 평범하지 않았다. 거의 매일 "신도 씨, 약 좀 팔아주세요, 부탁입니다"라며 조르고 졸랐다. 그의 성가심은 이미 내 인내심의 한계를 넘어섰다. 그러다가 나는 크리스천으로서 범해서는 안 될 죄를 범하게 되었다.

그 남자의 전화를 견딜 수가 없었던 나는 야쿠자 시절에 알고 지내던 마약상의 전화번호를 그에게 알려주고 말았다.

후회막급했지만 이미 가르쳐준 뒤라 나는 스스로를 책망했다. 실제로 약을 판 건 내가 아니었지만 내가 그 남자의 약 매입에 손을 빌려준 것이다.

'지금의 내가 옛날의 나와 다를 것이 무엇인가.'

벌써부터 발에 걸려 넘어지는 스스로에게 나는 실망에 실망을 거듭했다. 마음속으로 나는 크리스천 실격이라고 외치며 어이없는 과실을 크게 후회했다.

이때의 내가 할 수 있는 것은 오로지 성경의 도움을 구하는 것뿐이었다. 급히 성경을 펴자 시편 51편이었고, 19절까지 눈길을 내려 읽었다. 그 후반 부분에 다음과 같은 구절이 있었다.

> 하나님께서 구하시는 제사는 상한 심령이라
> 하나님이여 상하고 통회하는 마음을
> 주께서 멸시하지 아니하시리이다
>
> _시 51:17

이 부분을 읽으며 나는 다시 용서받을 수 있다는 희망을 가질 수 있었다.

십자가의 구원은 현재에도, 과거에도 해당되는 것으로, 그 구원은 미래에도 계속된다. 그런 기독교의 진리에 대해서도 불현듯 생각이 떠올랐다. 이런 생각이 미치는 시점에 "이제 더 이상 그런 짓은 안 하겠다"는 맹세를 할 수 있었고 간신히 회복이 가능해졌다.

신기하게도 그때까지 거의 매일, 옛 손님으로부터 걸려왔던 전화가 이 맹세 이후로는 단 한 통도 걸려오지 않았다. 그리고 나로부터 다른 마약상의 전화번호를 받은 일전의 그 손님과 마약상은 얼마 후 마약밀매가 경찰에 발각되어 동시에 체포되었다고 한다.

야쿠자 형님과의 전화

―――――― 옛날 손님들뿐만 아니라 전에 몸담았던 조직과 지인 야쿠자들로부터의 연락도 많았는데, 언제 복귀하느냐는 말과 스카우트 제의 등도 들어왔다. 이러한 유혹을 거절하는 데 나는 큰 고충을 겪고 있었다.

야쿠자로부터의 유혹이 오는 이유 중 하나는 내가 정식으로 야쿠자 가업에서 적을 빼지 않았기 때문이었다.

이대로는 안 되겠다고 판단한 나는 한번은 형님에게 전화를 걸어야겠다고 생각했다.

그러나 옥중에서 섣불리 탈퇴신청서를 낸 일이 오히려 화를 불러, 다시 부탁을 드리기 어려운 상황으로 시간만 흐르고 있었다. 의지박약인 나는 전화를 걸 용기도 없었다. 야쿠자는 전화와 인맥의 넓이로 밥을 먹고산다. 당연히 형님의 전화번호도 바뀌지 않았을 것이 분명했다.

'그래 오늘 걸자!' 하는 마음으로 몇 번이나 수화기를 손에 들고 작정했지만 약한 마음에 세월만 보내며 결착을 맺지 못하고 있었다.

나는 옛날 일들이나 형님과의 관계에 대해서 다시 한 번 생각해보았다. 형님은 늘 나를 아껴주었다. 그럼에도 불구하고 나는 잘못을 저지르고 조직에서 이탈하여 형님에게 걱정만 끼치고 불충만 더해왔다.

그런 나였기 때문에 형님에게 전화하는 것이 도저히 쉬운 일이 아니었다.

그러던 사이 고교시절 동급생으로부터 고시가야에서 한잔하자는 연락이 왔다.

조금 먼 거리라 귀찮다는 생각도 들었지만, 오랜만에 친구를 만나 회포를 풀며 기분전환이라도 할 겸 그가 자주 다닌다는 스낵바로 향했다.

아마도 그 무렵의 나는 아직 야쿠자의 분위기가 그대로 남아있지 않았을까 생각한다.

가게를 나오다가 같은 가게에서 놀던 2인조 야쿠자에게 시비가 걸려, 노상에서 갑작스러운 주먹질을 당했다.

두 번 다시 싸움 따위는 안 하겠다고 결심했던 나는 친구가 와서 말려줄 것을 기대했지만, 그는 안에서 뭘 하는지 바깥으로 나오려는 기미도 보이지 않았다.

2인조 야쿠자는 나를 무지막지하게 때렸는데 나는 손을 쓸 수가 없었다. 무방비 상태에서 얻어맞는 것은 정말로 고통스러운 일이었지만 나는 상대를 막으려는 자세만 취하고 어떻게든 그들의 공격을 견디고 있었다.

잠시 후 친구가 바깥의 소란을 눈치채고, 단숨에 달려 나와 그 두 사람을 인정사정없이 때리기 시작했다. 틈을 보던 나는 친구와 그들 사이에 끼어들어 뜯어말렸는데, 그들이 벌어진 상의 사이로 내 문신을 보고 말았다. 그러자 그들은 한발 양보하며 "어디 조직이십니까?"라고 물어왔다.

그 자리를 진정시키기 위해 "신주쿠"라고 대답하자 "K조직이십니까?"라는 말로 이어지고 말았다. 상황상 어찌할 수가 없어 "그렇긴 하지만 지금은 평범하게 살려고 한다네" 하고 설명하자 그쪽은 "실례가 많았습니다" 하고 사죄를 했다. 그래서 더 이상 큰일은 벌어지지 않았고, 그 자리에서 있었던 일은 없던 일로 하고 대충 상황 정리가 끝났다.

그러나 조직의 이름이 거론된 이상 상황 보고는 도저히 피해 갈 수 없는 일이 되었다. 그 일로 겨우 용기를 내서 형님에게 전화를 걸게 되었다.

초긴장 상태에서 전화를 걸었는데 금방 형님이 받았다.

"어이, 억수로 긴 여행이었데이."

관서 지방 사투리의 그리운 목소리가 들려왔다. 조직에서 이탈하여 체포될 때까지 약 1년간은 형님과 얼굴을 마주하지 않았다. 거기다가 2년 4개월의 징역 기간과 출소 후의 시간을 합하면, 3년 반이나 가까이 이야기도 나누지 못했다. 그래서 형님은 '긴 여행'이라고 표현한 것이다.

화를 낼지도 모른다고 생각했었는데, 형님은 화를 내지 않았다. 우선 그것만으로도 안심이 되었다.

야쿠자 세계에서는 지금까지의 불충도 교도소를 다녀오면 청산이 되는 듯한 분위기가 있다. 금품을 훔쳐 도망친 것이라면 다른 이야기가 되겠지만, 내 경우는 허락 없이 조직을 이탈해서 약을 판 것뿐이라 형님을 배신한 것은 아니었다.

형님은 내가 스카우트한 젊은 애들이 아직 모두 조직에 남아 있다고 전해주었다. 그런 이야기를 나누다가 돌연 "그건 그렇고, 넌 언제 돌아올 긴데?"라는 말을 꺼냈고 나는 말문이 턱 막혔다.

초조감을 애써 떨쳐내며 우선 전날의 싸움 건에 대한 보고를 해야겠다는 생각이 떠올라 그날의 사정을 설명했다.

"그랬나, 그래서 이긴 거가, 진 거가?"

늘 그랬던 것처럼 형님은 승패를 신경 썼다.

이긴 것도 아니고 진 것도 아니라, 서로 큰일로 만들지 않기로 했다고 말을 그대로 전했다. 그러자 형님은 더 이상 묻지 않고 "근데, 언제 돌아올 긴데?"라며 아까의 질문을 반복했다. 나는 이 지점에서 간이 쪼그라들고 말았다.

"형님, 정말로 너무나 죄송합니다만, 바깥세상으로 내보내 주십시오. 앞으로는 어머니께 효도하며 살고 싶습니다."

형님은 재일 한국인으로 부모님을 대단히 소중하게 생각하는 사람이었다. 그 때문이었는지 효도를 하겠다는 내 마음을 잘 이해해준 것 같았다. 형님은 나에게 이런 말을 덧붙였다.

"그래도 니는 야쿠자밖에 할 수 없는 놈 아이가, 언젠가는 돌아오겠지. 그래도 새 인생을 살기로 결심한 이상 3년 안에는 돌아오지 말그래이."

나는 형님의 마음을 너무 잘 알 수 있었다. '3년 안에는 돌아오지 말라'는 조건을 붙이면서 만약 힘들어지면 돌아올 수 있게 여지를 남겨준 것이었다.

원래는 파문장을 내려주길 바랐지만, 형님의 마음만으로도 충분히 감사했기 때문에 나는 더 이상 아무 말도 할 수가 없었다.

전화를 끊기 전 형님은 나에게 "앞으로 뭐 해 먹고 살라꼬? 진짜 괜찮은 기가?"라고 물었다. 그 말에 나는 "앞으로는 하나님을 믿고 그리스도 제자로 살겠습니다. 걱정하지 마세요, 형님"이라고 대답한 후 전화를 끊었다.

두목을 찾아가서 한 사조

생활에 안정을 조금씩 되찾고 난 후, 이번에는 이케부쿠로 시절의 두목에게 사죄를 하러 갔다.

같은 일가 안에서 파생되어 양자의 연을 맺은 조직을 따라 나는 처음 속했던 이케부쿠로에서 신주쿠로 옮겼었는데, 그 이후에도 나는 이케부쿠로 S조직 두목의 사랑을 받고 있었다.

결과적으로 보면 이후 몸담은 신주쿠 집안을 시끄럽게 해놓고 종국에는 옷을 벗겠다는 것이니, 원 조직의 두목 앞에서 말을 꺼내기가 참 어려웠다. 그러나 피한다고 해결될 일이 아니라서 작정하고 만나러 갔다.

"지금까지 수도 없이 신세만 졌는데, 이렇게 독단적으로 발을 씻게 되니… 정말 드릴 말씀이 없습니다."

무척 혼이 날 줄로 짐작하여 충분히 각오하고 머리를 조아리는데, 두목이 이렇게 말해주었다.

"나는 네가 옷을 벗는다고 생각하니, 기쁘다. 안심했다."

예상도 못한 두목의 말에 몹시 당황스러워서 나도 모르게 되물었다.

"네? 왜 그렇게 말씀하십니까?"

내 질문에 두목은 조용히 대답했다.

"너는 앞으로 사람을 죽일 일도 없고 살해당할 일도 없겠지. 그래서 안심이란 말이다."

나는 두목의 말에 마음속 깊은 곳에서 감사의 마음이 차올랐다.

야쿠자 세계에 있는 한 명령에 따라 사람도 죽여야 한다. 그것뿐인가, 적대 관계에 있는 조직의 인간으로부터 불시에 살해를 당할 수도 있다. 나 자신도 몇 번이나 죽을 위기를 넘겼었고 항쟁 사건의 표적이 되기도 했다.

성경에 '천지가 만들어지기 전부터, 하나님은 너를 선택했다'는 말이 있는데, 이렇게 아직도 내가 존재하고 있다는 사실을 생각하면 이 성경 말씀이 마음속 깊이 새겨지면서 지난 과거에서부터 나를 지켜주고 살려주셨다는 것을 새삼 실감한다.

발을 씻을 수 있도록 두목에게 허락을 받은 덕분에 나는 어깨에서 무거운 짐 하나를 내려놓을 수 있었다.

분명히 하나님으로부터 용서를 받는 일은 중요하다. 그러나 영적인 용서와 현실 세상 속에서의 용서는 결코 동떨어진 일이 아니다. 인간관계에서 구하는 용서를 통해 하나님의 용서에 대해 더 크게 실감할 때도 많다.

실제 사회에서 용서를 얻을 수 있게 되자 내 마음속에서는 생명을 거래하는 세상에서 간신히 빠져나왔다는 상념이 온몸으로 퍼져 나갔다.

야쿠자 세상이란 나를 적으로 돌리면 큰일을 당할 거라는 느낌을 풍기고 다녀야 하는 곳이다. 그런 만큼 늘 센 척하며 신경이 곤두서 있어야 했다.

지금 되짚어 생각해봐도 왜 그렇게 무서운 세상에서 살았는지, 오싹 소름이 돋을 정도다. 그곳을 일반적인 세상이라 생각하고 나는 무려 14년 동안이나 살아왔던 것이다.

야쿠자로서의 긴장에서 해방되었다는 안심은 신앙을 갖고 얻을 수 있는 평안과는 또 다른 각별한 것이었다.

세상의 장벽

─────── 드디어 발을 씻고 평범한 인생을 당당하게 시작할 수 있게 되었지만, 세상은 막 징역을 마치고 나온 전과자가 살아가기엔 호락호락한 곳이 아니었고 시작부터 난관에 봉착하게 된다.

예를 들면, 일을 하려고 취업 활동을 시작했지만 첫 관문으로 볼 수 있는 이력서를 쓰는 단계에서부터 주저앉고 마는 것이다.

나의 경우 통산 7년이나 징역살이를 했다. 그런 일을 솔직하게 쓰면 고용해줄 회사는 거의 없다. 이력서를 쓸 때마다 늘 속여야 한다는 괴로움이 있었다.

야쿠자가 되기 전 유흥 접객업소에서 아르바이트를 한 경험은 있었지만, 야쿠자가 된 이후 성실하게 일반적인 일을 한 경험이 단 한 번도 없었다. 이력서에 쓸 만한 경력은 전혀 없다고 봐도 좋았다. 그래서 아주 오래전에 한 아르바이트를 가능한 한 길게 쓰거나 해서 '공백' 기간을 메꾸어가는 작업을 해야만 했다.

그런 노력으로 겨우 일을 시작하긴 했지만, 조금만 지나면 반드시 "저 인간, 어딘가 좀 이상하네" 하고 수군거리는 소리를 듣게 되었다.

나처럼 문신을 새긴 사람들은 과거를 숨기려고 한여름에도 긴 소매 옷을 입는다. 게다가 얇은 색 셔츠는 힘쓰는 일로 땀이라도 흘리게 되면 문신이 비치기 때문에, 반드시 진한 색상의 셔츠를 입어야 했다. 땀이 마르고 색깔 있는 긴 셔츠에 하얗게 소금기가 배어 있는 것을 보면 누구든 이상하게 생각하였다.

ⓒ Tatsuya Shindo   한여름에도 긴 소매 옷을 입었던 시절

한편 사회에서 일하는 것에 대한 공포감도 있었다. 2년 4개월의 짧은 형이라고는 하지만 '징역 치매'라는 것이 있다. 세상의 변화는 정말 빨라서 당혹스러운 경험이 한두 번이 아니었다.

세 번의 징역은 모두 다 2년 반 전후였지만 출소할 때마다 담배 포장지가 바뀌어 있었고, 휴대전화도 다기능으로 콤팩트화되어 있었다. 도로가 정비되었거나 이전에는 있었던 상점이 사라진 경우도 많이 있었다.

무엇보다 한 번도 취직했던 경험이 없는 서른두 살의 아저씨가 처음으로 취직을 하려 하는 것은 대단한 용기가 필요한 일이었다.

교도소에 들어가 있을 때는 어느 누구든 하루라도 빨리 바깥 세상으로 나가고 싶다고 소원하지만, 일단 바깥으로 나오면 강한 세상 풍파에 직면하고 새로운 투쟁이 기다리고 있다는 사실을 실감하는 것이다.

전과자가 되면 타인의 신용을 얻기는 거의 불가능하다. "앞으로는 심기일전하여 열심히 노력하겠습니다"라는 그럴듯한 말로 얻을 수 있는 기회는 절대로 없었다. 사람들로부터의 신용을 회복시키기 위해서는 매일매일의 성실함을 쌓아나가는 것밖에는 다른 방법이 없고 오랜 시간 공을 들여야 한다.

현재 마흔을 목전에 두고 지나간 출소 직후의 나날들을 떠올려보면 '서른두 살은 아직 젊은 나이였구나' 하는 마음이 들지만, 20대의 대부분의 시간을 교도소에서 보낸 당시의 나로서는 일반 세상에서 정상적인 일을 하며 살아가는 것 자체가 엄청난 대사건으로 여겨질 뿐이었다.

교회 숙식 생활과
갱생하우스

———— 고등학교 1학년 때 퇴학을 당한 이후 나는 어머니와 살아본 적이 없었다. 게다가 하는 일 없이 백수 신세로 지내는 것도 슬슬 눈치가 보이기 시작했다.

그래서 나는 출소 직후부터 매주 다니고 있던 실로암그리스도교회의 스즈키 목사님께 상담을 요청했다. 그러자 "그럼 교회에서 숙식하면 되겠네요"라며 흔쾌히 허락해주었다.

나는 하나님을 가까이서 느끼고 싶었고 스스로의 신앙을 성장시켜 굳게 서고 싶었다. 사실 살던 곳에서는 신앙심을 방해하는 유혹들이 이곳저곳에 널려 있었기 때문에 교회에서의 숙식 생활은 상당히 고마운 일이었다.

친구 Y에게 침낭을 빌린 후, 나는 서둘러 실로암그리스도교회로 향했다. 이 교회는 신발을 신고 드나드는 교회라, 그 바닥에다 자리를 깔고 자야 하는 현실에 어느 정도 비참한 마음이 들기도 했다. 아직 그런 마음이 들던 나는 그때까지도 야쿠자로서의 허영심을 말끔하게 걷어내지 못했던 것이다. 그렇다고 해도 나에게는 달리 갈 곳도 없었기 때문에 어떻게든 교회에서 버틸 수밖에 없었다.

'비참하다'는 생각이 드는 한편으로 '이제부터가 진검 승부다. 하나님, 도와주십시오!'라는 마음도 강하게 일었다. 정신을 똑바로 차리고 일어서보자고, 나는 필사적이었다.

교회에서의 숙식 생활은 매일 아침 6시부터 시작되었다. 침낭을 정리한 후, 예배당 청소를 하고 아침 예배를 준비했다.

스즈키 목사님은 얼마 동안 교회에 걸려오는 전화를 받지 않아도 좋다고 말하였다. 젊은 시절, 조직 사무실 당번도 거뜬하게 수행했던 나로서는 뭔가 아쉬운 마음이 들었지만, 그 이유는 나중에 알게 되었다.

숙식을 시작한 지 2주 정도 지났을 무렵, 스즈키 목사님이 말을 걸었다.

"닷짱, 야쿠자 시절에 사무실 관리도 했었다면서요. 이제부터 전화도 받아주면 좋겠어요."

그 허락 이후, 나는 그날 저녁부터 전화 응대도 하게 되었다.

전화를 받기 시작하면서 무엇보다 놀란 점은 자살 충동을 느끼는 사람들이 많다는 현실이었다. 스즈키 목사님은 책을 낸 일도 있어서, 신자, 비신자를 가리지 않고 그 책을 읽은 사람들로부터의 전화가 정말 많이 걸려왔다.

"죽기 전에 마지막으로 하나님께 말씀드릴 게 있어서 한번 전화해봤어요……."

전화를 받는 사람이 섬뜩해질 만한 내용의 전화가 한밤중에도 걸려왔다. 나는 어떻게 대답해야 좋을지 몰라서 "하나님은 당신이 앞으로도 계속 살아가기를 바라셔서, 당신에게 이렇게 전화를 걸게 하신 거라고 생각해요. 절대로 죽으면 안 됩니다. 부디 가까운 교회를 찾아주세요"라고 대답해주는 것이 최선이었다. 전화를 받지 않아도 좋다는 말은 이런 이유에서였던 것이다. 나로서는 전화 응대가 도저히 감당하기 어려운 일이었다.

더부살이 생활을 시작한 지 한 달 정도 지났을 무렵, 나가사키의 어느 목사님이 마약중독인 청년을 데리고 교회를 찾아왔고, 그날부터 그 청년도 나와 함께 숙식을 하게 되었다.

청년은 마약 문제로 재판에 걸려 있었고 집행유예 중인 신세였다. 근본은 성실하게 보이는 사람이었는데, 마약에 손을 댄 후 인생을 크게 망쳐버린 것이다. 그런 말을 듣다 보니 마약을 팔던 과거의 내 모습이 떠올랐고 나의 죄의 추악함을 다시 한 번 깊이 느끼게 되었다.

그 청년이 와준 덕분에 나는 생각지도 못했던 은혜를 받았다. 청년을 데리고 왔던 목사님이 좀 더 쾌적하게 지낼 수 있도록 그 청년뿐 아니라 나에게도 이부자리를 사 주었던 것이다. 그것은 정말로 기쁜 일이었다.

하나님의 존재를 더 강하게 찾기 위해 살게 된 교회였지만, 막상 마룻바닥에 침낭만 달랑 깔고 자니 등이 배겨서 견디기가 힘들었다.

사 주신 이부자리 덕분에 등 배김은 이제 해소되었다. 그러나 12월로 접어들고 겨울 시즌이 본격화되자 이번에는 추위로 고통을 받게 되었다. 그러자 감사하게도 우리에게 전기장판을 사 주는 사람이 나타나서 우리들의 생활은 더욱 개선되어 나갔다.

얼마 후 더부살이 동료가 한 명 더 늘었다. 새로 들어온 남자는 큐슈에서 온 전직 야쿠자였다.

타고난 천성이라고 해야 할까, 그는 존재 자체만으로도 주변을 밝혀주는 인물이었다. 같은 야쿠자 세상에서 살았다는 인연으로 그는 나를 "형님"이라 부르며 잘 따랐다.

우리 세 사람은 교회에서 열심히 봉사 활동에 힘썼다. 놀랍게도 그러한 노력을 교회의 모든 분들이 좋게 평가해주었고, 몇십만 엔의 자금을 투입하여 교회 부지 안에 주거용 조립식 주택을 지어주기로 했다.

우리들처럼 인생을 새롭게 고쳐 살겠다는 사람들을 위한 공동생활 장소였다.

조립식 주택은 교회 성도님들 각각의 기도와 헌금으로 무사히 완성되었다. 우리들은 이 조립식 주택을 '갱생하우스'라 부르기로 했다.

갱생하우스가 완성된 후, 더부살이 주민이 한 명 더 늘었다. 현재는 토야마 현 다카오카 시에서 실로암그리스도교회 토야마 선교원을 개척 전도하고 있는 '고토 에이지 전도사'였다.

에이지는 나보다 먼저 교회에서 갱생에 성공한 전직 야쿠자였다. 그런 그가 다시 헌신하고 싶다며 우리들 사이로 들어온 것이었다.

그는 우익 출신으로 그곳에서 상부 단체인 야마구치구미의 야쿠자까지 되었던 인물이었다. 신앙으로는 그가 나보다도 선배였지만, 어디를 가든 연상인 나에게 "선배님" "형님" "타츠야 씨"라 부르며 나를 세워주었다.

온화하고 외골수인 에이지와의 공동생활은 나에게 있어서 인생의 큰 자산이 되었다.

그러다 제일 처음 숙식을 함께했던 나가사키 출신 청년이 수도권에 있는 회사에 취직하게 되어 한발 빨리 공동생활을 졸업했다. 그 때문에 갱생하우스에는 나와 큐슈 출신 청년, 그리고 에이지 3명이 남게 되었다. 1명이 줄었지만 아담한 갱생하우스는 넓이가 다다미 4장 반 크기라, 사실 1인당 공간으로 나눠보면 교도소 시절보다도 협소했다.

갱생하우스에서 거주하며 나는 근처에서 할 수 있는 아르바이트를 찾기 시작했다. 그러나 치바로 이주해 오면서 경력 문제만이 아니라 주소 이전의 문제도 발생했다.

교회 부지에 살고 있었지만 내 주소는 사이타마 현 니시가와구치 그대로였다. 면접을 가면 반드시 "현 주소가 니시가와구치인데, 치바까지 다닐 수 있겠습니까?"라고 물었다. 현재 교회 안에서 지내고 있는 사정을 설명하면 더 이상하게 여겨지는지 아르바이트조차 써주지 않았다.

그런 상황을 지켜본 스즈키 목사님은 "너무 서두르지 말고, 이곳에서 지내면서 기도하다 보면 언젠가는 길이 열릴 겁니다"라고 격려해주었지만, 나는 하루라도 빨리 몸을 움직이고 싶었다.

일자리를 찾지 못해 곤란해하던 우리들 삼인조 앞에 어느 날, 교회 성도님 중 한 분이신 호걸 여사장님이 나타나 그녀가 경영하는 원단 가게에서 일자리를 제공해주었다.

3명 모두 전직 야쿠자라 문신한 몸이었고, 게다가 나는 새끼 손가락마저 없었다. 이런 인간들이 원단 가게의, 게다가 영업일을 할 수 있을까 걱정이 되었지만, 여사장님은 그런 건 걱정할 필요도 없다며 우리들을 고용해주었다.

그 회사에서 우리들은 1년 정도 일했다. 애석하게도 여사장님이 그 후 병을 얻고 돌아가시고 만다. 그러나 나는 여사장님이 우리들을 고용해주었던 그 은혜를 평생 잊지 못한다.

야쿠자와
크리스천의 공통점

─────── 교회에서 숙식 생활을 하는 동안 모두 나를 "형제님"이라고 불렀다. "형제"라고 불리니 야쿠자 시절이 떠올랐다. 특히 문신을 새긴 스즈키 목사님에게 "형제님!"이라고 불리면 무의식적으로 "형님!"이라고 대답해버릴 것만 같았다.

실제로 야쿠자와 크리스천은 닮은 부분이 어느 정도 있는 것 같다. 내가 농담 반으로 "크리스천과 야쿠자는 닮았어요"라고 말하면 그런 것을 생각조차 해본 적 없는 크리스천들은 내 말에 불쾌감을 느낄 수도 있다. 그러나 실제로 닮은 부분이 있다.

몇 가지 예를 들면, 우선 크리스천에게 있어 '하나님'은 절대적이다. 그와 마찬가지로 야쿠자에게 있어 '두목'이란 말은 절대적이다. 즉, 절대적인 존재 아래에서 살고 있다는 점이 양쪽은 너무나 닮아 있는 것이다.

그리고 싸움 상대를 철저하게 때려눕혀야 하는 것이 야쿠자의 삶인 것과 마찬가지로, 자신의 죄를 철저하게 회개하고 끓어 올라오는 죄의 상념을 신앙으로 깨부숴야 하는 크리스천의 삶 역시, '철저하게 관철시킨다'는 점에서 통하는 부분이 있다.

그 밖에도 예의를 중시하는 점이나 받은 은혜는 은혜로 되돌린다는 점에서도 공통된다.

'은혜'는 야쿠자 세계의 말로 표현한다면 '의리'와 통한다. 나는 야쿠자 시절에 배양된 의리 정신만은 아무리 세월이 흘러도 버리고 싶지 않다. 받은 은혜는 반드시 되갚아야 하는 것이고, 당장 갚지 못해도 절대 그 일을 잊어서는 안 된다고 생각한다.

크리스천 세계의 말로 표현하자면 '은혜'는 '일방적인 사랑'이라 표현해도 좋을 것이다. 모르는 사람을 향해서도 구원의 손길을 내어주는 게 크리스천으로서의 삶이고, 보상을 바라지 않는 사랑이라고도 말할 수 있다.

은혜를 삶에서 갚아나가는 실천의 면모가 양쪽 모두 닮아 있지만, 어느 쪽이든 최악은 은혜를 원수로 갚는 일일 것이다. 이것만은 삶에서 절대로 해서는 안 되는 일이다.

JTJ 선교신학교 입학과 열등감

───── 갱생하우스에서의 생활은 순조로웠지만 복역 중부터 생각해왔던 신학교 입학에 대해서는 망설이고 있었다. 실로암그리스도교회에 처음 왔을 무렵에는 내년 4월부터 신학교에 가겠다고 위세를 부렸지만, 실제로 입학 시기가 다가오자 자신감이 사라져서 발을 뒤로 빼게 되었다.

나는 인사치레로도 머리가 좋다고 말할 수 없는 인물이다. 신학교 입학이 시기상조가 아닐까 생각했고, 입학을 1년 더 미루려는 생각으로 스즈키 목사님께 상담을 청했다. 그러자 스즈키 목사님은 이렇게 말하며 내 등을 떠밀었다.

"닷짱, 교도소 안에서도 그 정도로 공부를 했으니까, 걱정할 필요 없어요. 신학교에 들어가고 싶다는 마음도 하나님이 주신 마음입니다. 본인의 의지가 아니에요. 하나님께 확실한 사명을 받았으니까 절대로 가야 합니다. 쇠는 뜨거울 때 쳐야지요!"

그분의 격려에 힘입어, 평안과 환희와 정열의 마음이 다시 전신을 타고 끓어올랐다.

스즈키 목사님은 목회학과를 지원하는 나를 위해 흔쾌히 추천서도 써주셨기 때문에 더 이상은 물러날 수도 없었다.

내가 가려고 하는 신학교는 도쿄 우에노에 있는 'JTJ 선교신학교'였다. 이 학교를 선택한 이유는 나와 같은 고교 중퇴나 전과가 있는 사람이라도 입학할 수 있기 때문이었다.

통상 대부분의 신학교는 '고졸 이상'이나 '그에 상응한 학력' '대졸 이상'이라는 학력 기준을 세우고 있다. 경우에 따라서는 '교회 생활 최저 2년'이라는 입학 조건을 달고 있는 학교도 있었다. 그러나 JTJ 선교신학교는 학교 슬로건이 말하는 그대로 '언제나, 어디에서나, 누구라도'를 실천하고 있었다.

'누구라도'라고 했으니, 전과가 있는 나 같은 자도 입학할 수 있는 것이다. 교도소 안에서 읽었던 『백만 명의 복음』이라는 월간지에서 이 신학교의 존재를 알게 된 나는 입학을 한다면 이 학교밖에 없다는 생각을 하고 있었다. 만일 입학이 허용되지 않으면 나는 목사가 되는 길을 포기하려고 생각했었다.

경력상으로는 표준 이하인 나였지만 목사님의 추천서가 있다는 것과 교도소 안에서 국제 성경 통신 강좌를 들은 것이 좋은 평가를 받아 입학 심사를 통과할 수 있었다.

신학교에 합격할 때까지는 매우 기쁘고 좋았다. 그러나 나에게는 입학금과 수업료를 낼 만큼 충분한 돈이 없었다. 당시 원단 가게에서 일은 하고 있었지만, 익숙지 않은 영업일이라 급여가 오를 만큼의 영업 실적을 낼 수가 없었다.

그런 어려움에 처했을 때 나를 구해준 사람이 또다시 친구 Y였다. 고맙게도 나를 위해서 돈을 빌려준 것이다. 그에게 몇 번이나 신세를 지고 도움을 받았는지 모른다.

JTJ 선교신학교 입학이 결정되고 나는 사이타마의 어머니 아파트로 돌아갔다. 이쪽이 학교를 다니기에 편리했다.

신학기가 되자 나는 무사히 학교를 다니기 시작했지만, 이번에는 강렬한 열등감에 휩싸이는 문제에 직면했다.

'이곳에 오는 사람들은 대부분 부모님이 크리스천이거나 어릴 적부터 주일 학교에 다니면서 하나님의 말씀을 잘 배우고 온 사람들일 거야. 모범적인 성실한 사람들만 모였을 텐데……'

이런 생각을 하다 보니 주위의 모든 학생들이 다 우등생으로 보였고, 나와 거리가 먼 그들과 떨어져서 스스로 벽을 쌓는 결과를 낳았다. 나는 친구를 만들기가 너무나 어려웠다.

'지금도 이렇게 겉도는데, 야쿠자였다는 사실까지 들키면 아예 친구는 못 만들겠구나…….'

그런 공포감까지 겹치면서 나는 교실에 들어서면 늘 제일 뒷자리로 가서 조용히 앉아 있곤 했다.

한편 우리 클래스에 늘 늦게 등교하는 여성이 있었다. 늦게 교실에 들어오기 때문에 그녀는 자주 내 옆자리에 앉았다. 그러는 동안 자연스럽게 말을 트게 되었고, 서로에 대해 조금씩 털어놓을 무렵 그녀는 나에게 질문을 던졌다.

"신도 씨는 어디서 구원을 받으셨어요?"

이것은 크리스천이라면 자주 나누는 질문으로, 말하자면 '어떤 연유를 통해 크리스천이 되었는가?'라는 말이다.

신학교를 다니면서, 게다가 신앙에 대한 질문에 거짓 대답을 할 수는 없었기에 나는 낮은 목소리로 정직하게 대답했다.

"그게…… 도쿄 구치소 안에서요."

예상대로 그녀는 놀란 눈치였다.

"네? 그래요!? 굉장하다….."

"사실, 세 번이나 교도소를 들어갔는데, 세 번째 복역을 마치고 나오자마자 세례를 받았어요. 여긴 출소한 지 5개월 후에 입학한 거예요. 하지만 이 말은 다른 사람들한테 비밀로 해주면 좋겠어요. 부탁합니다."

나는 내 과거가 모두에게 알려지는 것을 두려워했는데, 감사하게도 그녀는 내 마음속 짐을 가볍게 해주는 말을 했다.

"그런데 말이죠, 신앙은 길이가 아니라 깊이잖아요."

그 말을 들은 후 타성에 젖은 신앙생활을 하며 언제까지나 성장하지 못하는 사람보다는 혼신을 다해 하나님을 향하여 성장해나갈 수만 있다면, 그런 사람이 더욱더 신학교에 합당한 사람이라는 생각을 하게 되었다. 그렇지만 세례를 받은 지 아직 반년도 지나지 않은 내가, 신학교를 다닌다는 사실에 대해서는 뒷골이 당겨지는 기분이 남아 있었다. 말하자면 나는 크리스천으로서 아기와 같은 존재였던 것이다. 그런 사람이 신학교를 다니는 것은 무모한 도전이기도 했다.

구약성경에는 '부끄러움'이란 말이 많이 나온다. 예를 들면, 다니엘서나 느헤미야에서는 동포가 저지른 죄에 대하여 부끄러움을 느끼고 회개의 기도를 올리고 있다. 이런 구절들을 읽을 때마다 저지른 죄가 떠올랐고, 내가 신학교나 신학생들에게 부끄러운 존재가 되는 건 아닐까 걱정이 되며 위축되었다.

은사 나카노 목사님과의 만남

─────── 조용히 숨을 죽이며 신학교 생활을 보내고 있던 어느 날, '나카노 유이치로 목사님'의 강의가 있었다.

나카노 목사님은 하와이를 거점으로 하는 순회 전도사로, JTJ 선교신학교 국제부 학장도 역임하고 있었다. 크리스천 세계에서는 대단히 유명한 목사님이었다.

그의 강의가 시작되기 전에 화장실을 갔는데, 나중에 들어온 나카노 목사님이 내 옆 소변기에 섰다. 나는 순식간에 긴장을 했고 가볍게 고개만 숙였을 뿐 아무 말도 할 수가 없었다. 두 사람만 남은 화장실에는 금방 무거운 공기가 흘렀다.

침묵을 깬 것은 나카노 목사님이었다.

"자네는 문신을 짊어지고 있는가?"

입학 심사 때 쓴 글과 아직도 야쿠자의 분위기를 남기고 있는 내 용모를 보고, 내가 바로 그 야쿠자였다는 사실을 금방 알아본 것이다. 나는 낭패감을 느끼며 "아, 네……"라고 겨우 대답했다. 그러자 선생님은 이런 말을 했다.

"으음, 그렇군! 남자답고 좋은데! 열심히 해봐요."

중학교에서도, 고등학교에서도, 말썽쟁이 취급만 받아왔던 나로서는 나카노 목사님의 말이 정말로 의외였지만, 그 말은 나에게 힘을 실어주었다.

목사님의 따뜻한 말을 건네받은 나는 교실로 돌아와 이미 나의 지정석이 된 제일 뒷자리에 앉았다. 그런데 안도감을 느낀 것도 찰나의 순간이었다. 아까 화장실에서 말을 나눴던 나카노 목사님이 교단에 서자마자, 갑자기 내 쪽을 손가락으로 가리키며 말하는 것이었다.

"여러분, 제일 뒤에 앉아 있는 저 학생은 문신을 짊어지고 있는 모양인데, 모두한테 한번 보여주고 친구가 됩시다."

그의 말에 이어 학생들은 일제히 뒤를 돌아보았고, 시선은 나에게 집중되었다.

너무나 당황한 나는 나도 모르게 뒤를 돌아보며 그 자리의 상황을 회피할 정도였다.

나중에 생각해보니 나카노 목사님이 하신 일은 당시 나에게 필요했던 정말로 고마운 일이었다. 번거롭지 않은 방법으로, 실로 명쾌하게 내 과거를 모두에게 밝혀준 것이다. 지금까지 고민하고 있던 나는 '대체 고민은 왜 한 거야'라는 생각이 들 만큼 천연덕스럽고 기분 좋은 방법이었다.

이 일이 계기가 되어 나는 잇달아 친구를 만들 수 있었다. 나의 은사님이신 나카노 목사님에게는 지금까지 감사의 마음을 품고 있고, 학교를 졸업한 후에도 줄곧 신세를 지고 있다.

라면친목회와
힘겨운 아르바이트

———— 지금도 결코 경제적으로 안정되었다고 말하기 어렵지만, 신학교 시절에는 지금 이상으로 금전에 시달렸다. 저녁에 신학교 수업이 끝나면 학과 친구 중 누군가가 식사 자리를 제안했다. 그런 말을 들으면 나는 늘 내 지갑 사정을 염려하지 않을 수가 없었다. 지폐가 몇 장 들어 있을 때는 괜찮았지만, 동전밖에 없을 때는 바쁘다는 핑계를 대고 홀로 집으로 돌아온 적도 많았다.

신학교에는 돌발적으로 만들어진 '라면친목회'라는 그룹이 있었는데, 나도 멤버 중 하나였다. 멤버 중 누군가가 새로운 라면집을 발견하면 모두가 시식하러 가는 일이 주된 활동이었다. 물론 모두와 함께하는 것은 즐거웠고 라면도 먹으러 가고 싶었다.

그러나 매번 그들과 함께할 수 있는 여유가 없어서 나는 배가 부르다는 핑계를 대기도 했다. 그 당시 경제 상황으로는 기껏해야 세 번에 한 번 가는 것이 최선이었다. 때론 돈이 없어서 함께 못 간다고 정직하게 말하면 사 주는 동급생들도 있었다.

신학교가 시작하는 저녁 6시 반 전까지, 나는 점심 아르바이트를 전전하며 다녔다. 정식 사원이 되는 것과는 달리, 아르바이트는 비교적 간단하게 일을 얻을 수 있었다. 일을 선택할 처지도 아니었기 때문에 닥치는 대로 무슨 일이든 했다. 정원사 일도 했고, 건축 노가다 일도 했다. 일당 파견 일도 자주 나갔다.

어떤 일이든 만 하루 일해서 받는 일급은 7천 엔에서 1만 엔 정도로, 야쿠자 시절의 벌이에 비하면 턱없이 적은 금액이었다. 가끔씩 불쑥 판단이 흐려지게 되면 '내가 왜 이런 막일을 하고 있는 거지? 야쿠자 시절이 훨씬 더 즐거웠는데……'라는 그릇된 생각도 들었고 유혹에 넘어갈 뻔한 적도 있었다.

일당직 파견 아르바이트 일은 어디를 가서 무엇을 하든 형편없었다. 내가 자주 맡았던 현장 일은 물류창고에서 분류 작업을 하거나 공사 현장의 청소였는데, 파견 아르바이트인 우리들을 마구 부려 먹고 정말 경시했다.

야쿠자 기질은 이미 다 빠져 있었지만 화가 솟구치는 일도 많았다. 하지만 그 자리에서 꾹 참으며 감정을 드러내지 않도록 애를 썼다. 옛날의 나를 알면 절대 저런 말을 못할 거라고 생각하면서, 나는 시키는 대로 묵묵히 일만 했다.

지나치게 고압적인 태도를 취하는 현장 사람들도 있었는데, 그럴 때마다 나는 늘 예수 그리스도를 떠올리며 평강의 마음을 유지하도록 힘썼다. 예수 그리스도가 당하신 고난에 비하면, 내 고난 따위는 실로 비견할 수도 없는 초라한 일인 것이다.

십자가에 못 박히기 직전 예수님은 십자가를 짊어지고 슬픔의 길을 걸어가셨다. 길가의 많은 사람들이 내뱉는 침을 맞아가며 행진하였다. 못 박히신 이후 "네가 정말로 하나님의 자식이라면 십자가에서 내려오라"는 말을 들었고, 주변 사람들의 비난거리가 되었다. 그 고통에 비한다면 나의 괴로움 따위는 손톱 밑의 때만큼도 미치지 못한다. 나는 이런 생각들을 스스로에게 되새김질하며 무슨 말을 들어도 침묵하고 따랐다. 나에게 인내심이 생긴 것도 그리스도에게 의존했기 때문이다. 예수 그리스도를 생각하면 어떤 일이라도 견딜 수 있다는 마음이 들었다.

한때 간판 공장 아르바이트를 얼마 동안 열심히 한 적이 있다. 사이타마 토다에 있는 아틀리에에서 간판이나 현수막을 만든 다음 직접 사용될 곳에 달러 나가는 일이었다.

이 일의 매력은 뭐니 뭐니 해도 급여가 좋다는 점이었다. 그러나 잔업이 많아서 곤란한 일이 계속 생겼다. 간판을 달 장소가 멀리 있는 곳이면 돌아오는 데 몇 시간이나 걸릴지 가늠할 수가 없었다. 오후 6시 반까지 우에노에 있는 JTJ 선교신학교에 도착하지 못하는 날도 많아져 지각 일수가 쌓여갔다. 이것은 옳지 않다는 걸 깨닫고 결국 과감히 간판 공장을 그만두었다.

그 다음에 시작한 일은 도시락 가게 배달 일이었다. 도시락을 배달한 후 점심시간이 지나 그릇을 회수하면 오후 3시나 4시쯤 일을 끝낼 수가 있었다. 이 일이라면 신학교 수업에 늦을 일은 없었지만 짧은 노동 시간으로 인해 하루 벌이가 4천 엔밖에 되지 않는다는 것이 단점이었다.

그 당시 어머니의 아파트를 나와 독립할 생각도 있었지만 도저히 월세를 감당할 만한 수입을 얻을 수가 없었다. 서른을 넘긴 어엿한 어른이 부모님 집에서 기한도 없이 눌러사는 것은 부끄러운 일이었지만, 체면을 생각할 경제 상황이 아니었기 때문에 어머니에게 사정을 말하고 계속 함께 지냈다.

죽음의 기로에 선 친구

─────── 학교와 아르바이트로 충실한 하루하루를 보내고 있을 때였다. 하찮은 출소 축하 파티에도 한걸음에 달려와 준 친구 T가 당뇨병이 중해져 입원했다는 소식이 들려왔다.

이전부터 당뇨병에 시달려왔던 그는 이미 주 3일의 인공투석을 하고 있었고, 시력을 완전히 잃은 상태였다.

야쿠자 시절의 나는 T에게 마약을 공짜로 나눠주기도 했었기 때문에 그의 몸을 그렇게 만든 원인 중 하나는 나라는 것을 통감했다. 마침 도시락 배달 경로상에 있던 병원이어서 나는 입원한 T를 병문안하고 회복을 바라며 매일의 기도를 놓지 않았다.

한번은 T에게 사죄를 한 적이 있었다.

"미안하다. 옛날에 내가 준 마약 때문에, 네가 이런 몸이 된 건

지 모르겠다……."

그러자 T는 이렇게 말했다.

"닷짱 탓이 아니지. 내가 좋아서 한 일인데, 늘 공짜로 줬으니 오히려 내가 고맙지."

서른세 살에 완전히 시력을 잃었고, 서른다섯 살에 휠체어 신세가 되었음에도 원망하지 않는 T를 나는 친구로서 존경했다.

상태가 악화되었음을 들은 후부터, 나는 T의 구원을 바라며 혼신을 다해 그를 위한 기도를 올렸다. 그러나 기도는 받아들여지지 않았고, 드디어 소천을 각오해야만 하는 날이 오고야 말았다. 어느 날 T의 어머니로부터 전화가 걸려온 것이다.

"아들의 명이, 오늘내일이라고 선고받았어. 닷짱, T를 위해서 천국 티켓 좀 끊어주렴."

나는 목사가 되기 위한 인턴 과정으로 신세를 지고 있던 가와구치 시 '타마그리스도교회'의 '정순엽 목사님'에게 동행을 부탁드렸고, 함께 병원으로 향했다.

우리들이 도착했을 때, T의 혈압은 250까지 상승해 있었고 의식도 거의 없었다.

나는 T의 뺨을 가볍게 치며 귓전에다 외쳤다.

"어이, 천국행 티켓 끊어주러 왔다, 친구!"

그의 상반신을 일으켜 앉히고 T는 침대 위에서 세례를 받았다. 꺼져 들어가는 목소리로 "아멘…"을 남긴 뒤, 그는 다시 깊은 잠으로 빠져들었다.

T의 모친, 타마그리스도교회 정 목사님, 코미토 집사님, 친구 M군, 나, 이렇게 5명이 지켜보는 가운데에서의 세례였다.

T가 의식을 잃은 동안 우리들은 T의 집을 들러 영정용 사진을 골랐다. 우리 모두 T와의 이별을 애석해했다. 적어도 고통 없이 평안하게 눈을 감기만을 기도할 뿐이었다.

그로부터 1주일 후, 전화가 걸려왔다.

"닷짱, 나 T야. 아직도 나 살아 있는 모양이야. 꿈속에서 예수님도 만났어."

세상에, T로부터 걸려온 놀라운 전화였다. 이후 T는 기적적인 회복을 보였고, 위험한 순간을 피해 죽음의 길에서 생명의 길로 옮겨졌다. 본인 스스로도 놀랐지만 더 크게 놀란 것은 T의 어머니였다. 하나님의 기적을 눈앞에서 마주한 그녀는 아들에 이어 세례를 받았고, 타마그리스도교회의 성도가 되었다.

기적적인 부활에서 5년이 지났지만 T는 지금도 살아 있다. 하나님은 기적을 일으키셔서 그의 생명을 구원해주셨다.

헤어진 자식과의 재회

─────── JTJ 선교신학교에서의 생활이 안정기에 접어들기 시작할 무렵, 헤어진 두 번째 아내가 아이를 데리고 나를 만나러 와주었다.

이 세상에는 파멸형 인간을 좋아하는 파멸형 여성이 있다는 말을 들은 적이 있는데, 야쿠자가 된 지 얼마 안 되었을 당시에 만났다 헤어졌던 그녀야말로 바로 그런 부류의 여성이었다.

그런데 자녀의 출생이 그녀 인생의 전환점이 되었다. 파멸형인 나와 헤어지고 자식을 위한 삶을 살기로 결심했던 것이다.

내가 야쿠자 생활을 하는 동안 그녀는 아이를 만나게 해주지 않았다. 양육비 형태로 돈을 보내려 한 적도 있었지만, 야쿠자로 벌어들인 돈 따위는 받을 수 없다며 끝까지 받지 않았다.

지금 생각해보면 그녀는 현명했다. 그녀의 결단 덕분에 아이는 훌륭하게 자랄 수 있었던 것이다. 도망을 갔을 때는 원망하기도 했지만, 지금은 사죄와 감사의 마음으로 가득하다.

그녀는 누군가로부터 내가 야쿠자에서 발을 씻고 신학교에 들어갔다는 소식을 들었던 모양이다. 그래서 이제는 괜찮을 것이라고 판단한 그녀가 아이를 데리고 만나러 와주었던 것이다. 교도소에 있는 동안 나는 내 자식을 만나고 싶다는 기도를 줄곧 해왔다. 그날의 재회는 하나님께서 나의 기도에 응답해주신 선물이었다.

기도를 생각하니 떠오르는 일이 있다.

한번은 내가 소속되어 있던 조직 사무실을 드나들던 동네 후배가 갑자기 나를 찾아왔다.

그는 정식 조직원은 아니었고 인턴사원과도 같은 존재로 문신을 새겨 넣은 건달 후배였다. 그런 그가 집으로 찾아와서 축 처진 어깨로 중얼거렸다.

"저도 예수님을 믿으면 선배처럼 다시 새사람이 될 수 있을까요?"

그 말을 들은 나는 내가 다니고 있는 JTJ 선교신학교의 표어를 떠올리며 이렇게 말해주었다.

"언제든지, 누구라도, 어디에서라도, 새롭게 살 수 있어! 게다가 너는 나보다도 두 살이나 젊잖아. 괜찮고말고, 전혀 문제없어!"

그리고 나는 그를 위하여 기도를 했다.

그날부터 줄곧 그에게 신경이 쓰였는데, 그 후 소문에 의하면 사소한 일로 싸움에 휘말려 칼에 찔려 죽었다고 한다. 애석하기 그지없었지만 살해당하기 전에 조금이라도 회개의 마음을 품고 그를 위해 기도할 수 있는 기회가 주어졌다는 것만으로도 하나님께 감사한 마음이 든다.

수치스러운 과거가
무기가 되다

───────   동급생의 대부분은 좋은 사람들이었지만 그중에는 바람직하지 못한 사람도 있었다. 주변 사람들에게 허세를 떠는 모습을 보면 보통 마음이 상하는 게 아니었다.

그런 모습들을 몇 번이나 보다 보면 나도 모르게 한 대 때리고 싶은 충동도 일어나기에 순간을 꾹 참고 견디는 일이 나에게는 훈련이었다. '나는 하나님을 배우기 위해 온 사람이지, 싸움을 하러 온 것이 아니다'. 그렇게 스스로를 타이르며 아무리 화가 나는 일이 있어도 언성을 높이는 일은 하지 않으려 애썼다.

무사히 1학년을 수료하고 2학년으로 진급했을 무렵, 같은 니시가와구치 근처에 살고 있던 오사카 출신 동급생과 알고 지내게 되었다.

우리들은 우에노 역에서 JR을 타고 자주 귀로를 함께했다. 이런저런 이야기를 나누면서 약 20분간 흔들리는 전철에 몸을 싣고 다녔지만, 우리들은 서로의 과거에 대한 말은 한 번도 나누지 않았다. 이쪽에서 물으면 저쪽도 반드시 내 과거를 물어볼 것이다. 그것이 싫어서 내 쪽에서 먼저 그의 과거를 묻는 일 따위는 하지 않았다.

그러다 그에게 나의 과거를 말하게 된 것은 2학년 2학기에 올라갈 무렵이었다. 어느 날 그가 간사이 사투리로 "무슨 일로 먹고 사능교?"라고 물어본 것이다.

"지금은 아르바이트를 하면서"라고 짧게 대답을 하며 슬쩍 넘겨보려고 했다. 그러자 그는 집요하게 "직업은 없습니꺼?"라며 그날따라 깊이 파고들어 왔다.

눈 가리고 아웅 하는 일은 이제 그만두자고 생각한 나는 "사실은 나, 야쿠자였어"라고 실토하고 잘려 나간 새끼손가락을 보여주며 사실을 밝혔다.

그러자 "우짠지, 어딘가 야쿠자 티가 나는 옷을 입고 댕긴다 생각은 했지만서도 참말로 야쿠자였는진 몰랐습니더"라고 말하며 계속해서 말을 이어나갔다.

"아 진짜, 그건 굉장한 무기 아입니꺼, 훗날 목사가 되어서도 독특한 캐릭터로 볼 수 있다 아입니꺼. 와 그걸 간증하지 않습니꺼?"

친구가 말한 '간증'이란 것은 내가 어떻게 하나님의 부름을 받게 되었고, 그 후 어떻게 변했나를 고백하는 일이다.

아직 '아기 크리스천'과도 같은 당시의 나는 야쿠자 시절에 하나님을 만나고 그로부터 변했다는 고백을 한다는 것이 엄청난 큰일로 여겨졌고 되도록 감춰야 할 과거로만 생각했다.

그런데 그날 그 친구에게 이제껏 생각도 해본 적이 없는 말을 듣고 나는 완전히 당황했다. 내 마음속의 야쿠자 시절은 그저 숨기고 싶은 수치스러운 과거였다. 그러나 그는 그것이 '무기'라고 말하고 있었다.

사실 깊이 생각해보면 우리 교회의 스즈키 목사님도 전직 야쿠자였고, 그것을 공적으로 밝히며 전도 활동을 하고 있었다. 그러나 나에게 있어서 스즈키 목사님은 구름 위를 걷는 존재였고, 야쿠자였다고는 해도 감히 나와는 비교할 수 없는 그런 높은 분이었다. 그래도 그가 그렇게 말해준 덕분에 내 마음은 한결 가벼워졌다.

신학교에서의 생활도 2년차가 되자, 이제 주변의 상황도 제법 잘 보이기 시작했다.

처음에 우등생들로만 보였던 신학생들도 실상은 문제가 있는 사람도 있었고, 내세울 건 금욕밖에 없다는 사람도 있었고, 일부는 탈락해버린 사람들도 있었다.

JTJ 선교신학교 커리큘럼은 2년 만에 졸업하는 프로그램이었지만, 2년 안에 전 과정을 수료하지 못하면 통학 기간을 연장하는 일도 가능했다. 공부할 내용이 많았기 때문에 보통은 2년 만에 졸업을 하지 못하고, 3년 혹은 4년에 걸쳐 졸업하는 사람들도 꽤 있었다.

나는 마음속으로 절대 2년 만에 졸업하겠다고 맹세했다. 가능한 한 빨리 졸업해서 목사가 되어 전도를 실천하고 싶었다. 그 목적을 달성하기 위해 나는 어떤 일이 있어도 공부에만 집중하기로 결심했다.

신학교에서의 생활은 나에게는 충실한 나날의 연속이었다. 하나님에 대해서 조금이라도 많은 것을 배우고 싶다는 일념으로 미친듯이 공부했다.

그런 자세가 좋은 평가를 받았는지 학교에서 최고의 열등생이었을 내가 '영성위원장'으로 뽑혔다. 영성위원장이란, 말하자면 학급위원장과 같은 것으로 원래는 우등생이 뽑혀야 하는 자리이다. 그럼에도 불구하고 내가 영성위원장으로 뽑힌 것은 JTJ

선교신학교의 방침도 영향을 미쳤는지 모른다. 이 신학교는 성적보다는 학생들의 의욕을 중시하는 경향이 있다. 그것이 하나의 이유로 의욕만큼은 누구에게도 지지 않았던 내가 뽑히게 되었던 것 같다.

지금에 와서 생각해보면 영성위원장으로 뽑아주었던 일에 대하여, 나는 키시 요시히로 학장님의 따뜻한 배려를 뼛속 깊이 느낀다. 그분은 야쿠자라는 과거를 알면서도 오히려 흠 있는 나를 뽑아주었다.

복음의 본질, 또는 하나님의 본질이라고 하는 것은 사랑받기 어려운 사람이 사랑받고, 그로 인해 바뀌어가는 것이라고 생각한다.

나의 경우 앞서간 사람들을 뒤쫓기에도 참 부족했다. 열심히 달려왔음에도 불구하고 너무나도 혹독한 현실에 몇 번이나 부딪히며 그 귀한 첫사랑의 마음을 놓쳐버린 적도 있었다. 그럼에도 복음의 본질을 고려하여, 키시 요시히로 학장님은 열등생인 나를 학과의 인솔자인 영성위원장으로 지명해준 것 같은 생각이 들어 너무나 감사했다.

교회를 세우다

───── "공부만 하는 목사는 옳지 않다. 전도자라면, 괴로움에 허덕이는 사람들을 단 한 명이라도 좋으니 구원으로 이끌어야 한다. 목사라는 타이틀을 걸고, 단 한 사람도 세례로 이끌지 못한 목사도 있지 않은가. 그건 절대로 아니다!"

수업 중 나카노 목사님은 이런 말을 자주 했다.

나는 이러한 나카노 목사님의 열정을 좋아했다.

어느 날, 나카노 목사님은 우리를 향해 "신학교를 다니는 동안 개척해보는 것이 어떨까?"라고 말했다. 그 말에 나는 당장 반응했고, 선생님의 말씀대로 도전해보고 싶은 열망이 솟구쳤다.

우선 토요일 오후에 성경 공부 모임을 해보기로 계획을 세웠다. 마음을 정하면 다음은 일사천리다. 나는 직접 간판을 만들고 난 후, 공부 모임 장소로 동네 마을회관을 빌리고자 했다.

그런데 마을회관 방은 매주 같은 시간, 같은 장소를 쓸 수 없다는 단점이 있었다. 공부 모임은 이왕이면 같은 장소, 같은 시간에 진행하지 않으면 웬만해서는 자리를 잡기 어렵기 때문에 장소 확보가 정말 중요했다.

생각 끝에 어머니가 경영하는 가라오케 선술집 장소를 토요일 오후만 빌려보기로 했다. 어머니께 말씀을 드리니 별로 문제 될 건 없다고 하셨다. 이리하여 순조롭게 장소 확보에 성공했다.

그로부터 얼마 후, 내가 하는 일에 흥미를 가진 동급생 N군이 함께 개척 전도를 하고 싶다는 말을 해주었다. 좋은 친구를 얻었다고 생각한 나는 크게 감격했다.

둘이 함께라면 더욱 든든하다고 생각한 나는 토요일 오후 2시 반부터 성경 공부 모임을 열기로 정하고, 2005년 10월, 신학생 두 사람에 의해 '죄인의친구주예수그리스도교회'를 열었다. 집 근처에 있는 타마그리스도교회 정 목사님 아래에서 목사가 되기 위한 인턴을 하던 도중 시작한 일이었다.

의욕과 희망으로 넘쳤던 우리들이었지만, 실제 상황은 순풍만범이라고 말할 수 없었다. 처음 2개월은 아무도 교회에 나와주지 않았다. 예배자가 한 명도 없는 교회에서 나와 N군은 끊임없이 기다렸다. 그래도 찾아오는 사람은 아무도 없었다.

시간을 죽이고만 있는 것도 의미가 없었기 때문에, 나와 N군은 가라오케 선술집 양쪽 벽을 등뒤로 마주 보고 서서 번갈아가며 설교 연습을 하기로 했다.

내가 설교를 마치면 N군이 "이런 부분이 좋았어. 그 부분은 이렇게 말하는 게 좋지 않을까?"라고 지적해주었다. 내 차례가 끝나면 이번에는 N군이 설교를 하고 내가 평가를 해주었다. 교회에 사람이 와줄 것을 늘 기다리며 이 일을 반복했다.

사실 사람들의 출입이 완전히 없었던 것은 아니었다. 근처 사람들이 가끔씩 들여다보러 와주기도 했다. 그러나 그들은 예배를 드리러 온 것이 아니라, 야쿠자였던 내가 목사가 되어 애쓰고 있으니 동정심으로 찾아와준 것뿐이었다.

3개월 차에 접어들 무렵이었다. 변함없이 한 사람도 찾아오지 않는 상황에 더하여 함께 애써보자며 서로를 지탱해주었던 N군마저 교회에 나오지 않게 되었다.

"N군, 무슨 일이야?"

그에게 전화를 걸고 이유를 물었다.

"아니, 사람도 안 오는데, 뭘……."

그 말을 듣고 나는 큰 충격을 받았다.

누구의 지원도 없이 두 사람이 시작한 교회라 당장에 사람들이 찾아와주리라는 기대는 원래 크게 없었다.

'서로 그런 것을 알면서 시작했는데도 도중에 포기하고 나만 남겨놓다니, 우정으로만 생각해도 너무 가볍구나……'

그런 생각이 들자 실망이 컸지만 나는 다시 곧 생각을 고쳐먹기로 했다.

말하자면 내 사고방식이 처음부터 잘못된 것이었다. 함께 해보자는 친구를 믿고 나는 그를 지나치게 의지했었다. 결국 내가 의지해야 할 건 하나님이지, 사람이 아니었던 것이다.

그날부터 나는 기도를 바꾸었다.

"N군이 함께 해줘서 개척교회를 시작한 것이 아닙니다. 주님의 인도하심이 있었기 때문에 개척을 시작한 것입니다."

교회 안의 의자나 테이블에 손을 얹고 나는 몇 번이고 기도를 올렸다.

'교회'라고 이름은 걸었지만 저녁이 되면 '가라오케 술집'이 되는 장소였다. 언제 소멸해버려도 이상한 일이 아니었다.

그러나 하나님은 서서히 나의 기도에 응답해주셨다. 예배를 드리러 찾아오는 사람이 1명, 2명 늘어나더니, 마침내 15명에서 20명 정도의 성도가 찾아오기 시작했다.

실로 하나님이 이루신 기적이었다. '죄인의친구주예수그리스도교회'는 역 근처에 있는 곳도 아니다. 또한 경험 있는 목사가 있는 곳도 아니었다. N군이 떠난 후부터 완전히 홀로 개척해온 곳이었는데, 그런 곳이 언제부터인가 교회로서 인정을 받게 되었고 목사로서도 일어설 수 있게 되었다.

　오늘날의 개척 전도라고 하는 것은 기존의 대형 교회에 소속해 있던 목사님이 말하자면 '분양'과도 같은 형태로 독립하는 경우가 많다. 기존 교회와는 다른 장소에 토지와 건물을 준비하고, 그곳으로 새로운 목사님과 성도 5명 정도가 옮겨져서 개척을 시작하는 형식을 취하는 것이다. 이렇게 분양받은 교회가 각지에서 성장하고 있다.

　전후 일본에서 '리바이벌'이라고 불리는 신앙부흥이 일어났을 때 목사님들이 홀로 교회 개척을 했던 시기가 있었다고 들었는데, 우리 교회가 실로 그러한 상황이었다.

　물론 처음에는 홀로 '남겨졌다'는 마음이 든 것도 사실이었다. 교회 간판도 멋지지 않았고, 나무 판때기에 '그리스도교회'라고 쓴 것이 전부였다.

　그러나 간판을 내건 이상 하나님과 약속을 한 것이므로 뒤로 물러설 수는 없었다.

"야쿠자를 그만두고 종교 활동을 하는가 했더니, 이번에는 그것도 그만두네" 하는 말을 동네 사람들로부터 듣는다면 참을 수 없을 것 같았고, 무엇보다 하나님께 죄송한 일이다. 그래서 나는 내 능력 이상으로 전력을 다해 개척 전도에 온 열정을 쏟아부었다.

반석까지는 아니더라도 교회가 간신히 독립하게 될 무렵부터 느끼게 된 것이 있다. 그건 하면 무엇이든 된다는 것이었다. 또한 최종적으로 오로지 하나님께만 의지했기 때문에 나는 성도가 찾아오는 축복을 받을 수 있었다.

무모한 말로 느껴질지 모르겠지만, 어쩌면 세상적으로는 열등하게 보일 수도 있는 '예수쟁이'와 같은 면을 하나님은 사랑해주신 것 같다. 하나님은 열의가 넘치는 사람이나 '진심'으로 가득 찬 사람을 향해 응답을 해주시는 것이 아닐까. 그런 생각을 하며 나는 끊임없이 개척 전도에 힘쓸 것을 새롭게 다짐했다.

예배 시간은 오후 2시 반

교도소 전도

교도소에서 온 편지

유혹을 이기는 그리스도 의존병

이곳에서 만나는 일은 이제 그만합시다

체포는 하나님의 은혜

아버지의 자살

제5장 죄인의 친구 주 예수 그리스도 교회

예배 시간은
오후 2시 반

———— 결국 2년간의 신학교 생활을 거쳐 나는 JTJ 선교신학교를 졸업했다. 지금까지 2년간 성경 66권의 학습으로 시작하여 성경신학, 신약신학, 구약신학, 전도학, 목회학, 카운슬링 등의 수업을 받고, 더욱 깊은 이해를 구하기 위해 열심히 공부했다. 2년 만에 전 과목을 수료하자는 목표를 실현시켰고, 그 일은 나의 자신감이 되었다.

졸업 후, 나는 나카노 목사님의 추천을 받고 목사안수식(목사임명) 날을 잡아 거행했다. 나카노 목사님 외에 JTJ 선교신학교 학장님이신 키시 요시히로 목사님, 스즈키 히로유키 목사님, 야스타 마나토 목사님, 이 네 분의 손이 머리에 얹어졌고, 드디어 나는 목사의 꿈을 이루었다.

어딘가의 교회에 소속하지 않고, 나는 처음부터 단독으로 전도 활동을 하기로 마음먹었다. 혼자 시작한 일이니, 아무튼 돈도 없고 지원자도 없다. 나에게 남겨진 장소는 어머니의 가라오케 선술집 안에서 시간 한정으로 설립한 '죄인의친구주예수그리스도교회'뿐이었다. 그렇다고 해서 비관적으로 생각한 것은 아니다. 앞으로는 전도에만 모든 힘을 쏟아부을 수 있다는 생각으로 오히려 충만한 기분이 들었다.

교회 이름은 고민 끝에 계속해서 '죄인의친구주예수그리스도교회'로 하기로 했다. 교회 이름을 짓는 데 힌트가 된 것은 신약성경 '마태복음 9장 13절' 말씀이었다.

나는 의인을 부르러 온 것이 아니요
죄인을 부르러 왔노라 하시니라

이 말씀대로 '죄인의친구주예수그리스도교회'는 교도소나 구치소에 있는 범죄자의 사회복귀나 약물중독자에게 구원의 손길을 내주는 일에 힘을 두기로 했다.

전직 야쿠자였던 나 자신의 경험도 있어 '죄인의친구주예수그리스도교회'에는 다른 교회와는 다른 특징이 몇 가지 있다.

통상 주일예배 시간은 아침 9시에서 10시 사이에 시작하는 경우가 많지만 '죄인의친구주예수그리스도교회'의 주일예배는 오후 2시 반부터 시작한다.

오후로 시간 설정을 한 것은 저녁 장사를 하는 여성들을 위한 것이기도 했다.

출소 후 나는 주일 아침마다 어머니를 모시고 치바에 있는 실로암그리스도교회로 예배를 다녔다. 그런데 어머니는 전날 저녁 늦게 가게를 열어 새벽녘까지 장사했기 때문에, 일을 마치고 집으로 돌아오면 교회를 갈 때까지 겨우 2~3시간의 수면 시간밖에 허락되지 않았다.

매주 일요일, 전날의 피로가 완전히 사라지지 않은 어머니를 깨울 때마다 마음이 쓰였다. 그러다 보니 꼭 이른 아침만이 예배에 적합한 시간인가에 대한 의문이 들었다. 주말인 토요일, 술 장사를 하는 사람들은 늦은 새벽까지 일을 하게 된다. 이른 아침 시간에 그들이 교회로 예배를 드리러 나오기는 쉽지 않다. 수면 부족 기색이 역력한 어머니의 모습을 보면서 나는 늘 그런 생각을 하고 있었다.

그 후 신학교를 다니게 되면서 교회 역사를 배우기 시작하며 일요일 이른 아침에 예배를 드리게 된 경위를 알게 되었다.

일본의 대부분의 교회가 일요일 아침에 예배를 드리는 것은 유럽에서 아메리카로 건너간 청교도의 영향이 강했기 때문이었다.

청교도들은 그들의 신앙을 지키기 위해서 잇달아 바다를 건너 미국에 도착했다. 그런 그들이 예배 시간으로 적합하다고 생각한 것은 예수 그리스도가 부활하신 시간대인 새벽녘이었다. 그러나 새벽녘은 지나치게 이른 시간대이다. 서부 개척 시대, 사람들은 살아가기 위하여 이른 아침부터 가축들을 돌봐야만 했고, 절대로 불가능한 일은 아니었지만 새벽녘에 예배를 드리기에는 무리가 따랐다. 꼭 해야 할 일을 마치고 자신들의 식사를 끝낸 후 교회에 나가면, 아침 9시나 10시라는 시간이 최적이었던 것이다.

메이지 시대에 미국으로부터 선교사가 찾아왔고, 미국 기독교 문화가 그대로 심어졌다. 일본의 교회는 미국식을 답습했고, 주일예배는 아침 9시 또는 10시쯤부터 시작하게 된 것이다.

다시 말하자면 예배는 아침이 아니면 안 된다는 법은 없다는 말이다. 사실 다른 나라들을 보더라도 여러 시간대에 예배를 드리고 있다. 대형 교회에서는 아침, 점심, 저녁으로 나눠, 하루 세 번이나 예배를 드리고 있다.

그래서 나는 어머니와 같이 밤늦도록 장사를 하는 사람들도 교회를 찾을 수 있도록 주일예배 시간을 오후 2시 반부터로 정했다.

이런 생각을 한 배경에는 나의 삶 속에서 물장사를 하는 여성들과 만날 기회가 많았던 것도 영향을 미쳤다. 그녀들에게도 안식이 허락되기를 바란다. 특히 몸을 파는 일을 하는 여성들 중에는 심적인 문제를 안고 사는 사람도 많다. 나 역시 성매매업소에서 일하는 여성을 사귄 적도 있었기 때문에 그런 사정은 잘 알고 있다. 그녀들의 방문을 위해서라도 오후 시간대가 좋았다.

이리하여 오후 2시 반부터의 예배는 '죄인의친구주예수그리스도교회'의 한 특징이 되었고, 현재까지 이르고 있다.

교도소 전도

─────── 소규모이기는 하지만 이렇게라도 교회를 열 수 있었던 나는 더 새로운 일에 도전해보기로 했다. 그것은 교도소 전도를 시작하는 일이었다.

통상 교도소라는 곳은 재소자들의 개인정보를 바깥으로 흘리지 않는다. 그 탓으로 재소자를 상대로 교도소 전도를 시작하려고 해도 그 발판을 만들기가 상당히 어렵다.

그러나 나의 경우 야쿠자 지인들이 많고, 그들 중에는 실제로 현재 교도소에 수감 중인 사람도 있다. 나는 그들을 수단으로 교도소 전도를 시작하려고 마음먹었다.

마침 그 무렵, 야쿠자 시절의 내 의형제가 붙잡혔다는 소식이 들려왔다. 나는 당장 구치소로 달려가서 그에게 이렇게 말했다.

"앞으로는 야쿠자가 발붙일 땅은 점점 사라질 거야. 나는 하나님의 도우심으로 야쿠자 생활에서 벗어날 수 있었고, 하나님의 구원으로 정말 다시 새롭게 태어났다고 생각해."

이 면회를 시작으로 교도소 전도를 시작하게 되었다.

당초 교도소 전도라고는 해도 실제 교신은 상대가 구치소에 있는 동안만 가능했다. 왜냐하면 감옥법이 개정되기 이전에는 친족이나 신원보증인, 혹은 고용주가 아니면 교도소 수감자와 면회나 서신 연락을 할 수 없었기 때문이다.

그런데 2006년, 피수용자 처우개선법이 시행되어 친구나 지인이라도 현재처럼 수감자들과의 서신 연락이 가능하도록 상황이 바뀌었다. 그러한 법 시행 덕분에 교도소 전도의 문호가 순식간에 크게 열리게 되었다.

처음 시작할 무렵, 교도소 전도 대상은 야쿠자 시절의 의형제뿐이었다. 그러나 얼마 후, 의형제의 입을 통해 내 존재가 교도소 안에서 알려지기 시작했다.

전과 7범, 징역살이 도합 7년인 전직 야쿠자가 기독교 신학생이 되어 제2의 인생을 시작했다는 이야기는 교도소 안에서 상당히 먹힐 만한 내용이다. 거기다가 내 의형제의 입을 통해 나온 이야기이다 보니, 말에도 힘이 실렸음에 틀림이 없었다.

얼마 후, '○○교도소의 ○○ 씨로부터 말씀을 들었습니다'라는 재소자의 편지가 내 앞으로 오기 시작했다.

잡거 감방 안에서 한 명이 편지를 쓰고 있으면, 반드시 주위 사람들에게도 이야기가 전해진다. 전직 야쿠자였던 목사라는 말을 듣고 흥미가 생기면, 본인도 편지를 써볼까 생각하는 사람도 나오게 된다.

교도소 전도의 길이 서서히 열렸고, '같은 방, ○○ 씨로부터 들었습니다'라든지, '같은 공장 ○○ 씨로부터 들었습니다'라고 시작하는 편지가 늘어갔다.

어떻게든 구해달라는 가슴 절절한 편지를 받는 한편, 심심풀이나 흥미 위주의 편지를 받는 경우도 적지 않았다.

지금까지 편지로 서신 왕래를 했던 사람들 중에는 이미 출소해서 나온 사람들도 있다. 그 후 우리 교회에 나오기 시작한 사람도 몇 명 있었지만, 애석하게도 어느 날 발걸음을 뚝 끊어버리는 경우가 대부분이었다.

신앙을 위한 '땅고르기'와 '씨뿌리기'는 열매를 거둘 때까지 시간이 걸리는 것이다. 그것을 알고는 있지만 낙담할 때도 있었다. 그럴 때마다 나는 신약성경의 '마태복음 13장 3~8절'에 쓰여 있는 '씨앗 뿌리기'에 관한 구절을 읽는다.

씨를 뿌리는 자가 뿌리러 나가서 뿌릴새

더러는 길가에 떨어지매

새들이 와서 먹어버렸고

더러는 흙이 얕은 돌밭에 떨어지매

흙이 깊지 아니하므로 곧 싹이 나오나

해가 돋은 후에 타서 뿌리가 없으므로 말랐고

더러는 가시떨기 위에 떨어지매

가시가 자라서 기운을 막았고

더러는 좋은 땅에 떨어지매

어떤 것은 백 배, 어떤 것은 육십 배,

어떤 것은 삼십 배의 결실을 하였느니라

  이곳에 쓰여 있는 것처럼 하나님을 받아들이기 위해서는 좋은 마음이라는 흙이 없으면 아무리 씨앗을 뿌려도 건강하게 자라서 은혜를 받을 만큼 되지를 못하는 것이다.
  그렇다고 해서 포기해버린다면 죽도 밥도 안 된다. 앞으로도 꾸준하게 사람들 마음속에 '땅고르기'를 행하고, 동시에 '씨뿌리기'도 게을리하지 않겠다고 굳게 다짐했다.

교도소에서 온 편지

─────── 교도소 전도를 시작한 후 이런 내용의 편지가 도착한 적이 있다.

교회를 다니고, 세례도 받은 사람입니다만, 교회 사람들과의 사귐이 너무나 힘들었습니다. 그러는 사이 인간 불신에 빠졌고, 작은 트러블이 불씨가 되어 사람을 죽이고 말았습니다. 하나님을 사랑합니다만, 도저히 사람을 사랑하기가 어렵습니다. 나는 사람이 너무 싫습니다.

사람을 죽이고 교도소에 들어왔음에도 불구하고 하나님은 좋아하지만 이 사람이 싫고, 저 사람도 싫다는 변명 가득한 내용이 쓰여 있었고, 그 글 속에는 자신이 저지른 죄에 대한 회개의 말은 단 한마디도 찾아볼 수 없었다.

그래서 나는 다음과 같은 말을 전하기로 했다.

○○ 씨, 당신이 죽인 사람의 가족들에 대해서 어떤 생각을 하고 계십니까? 편지 내용 속에서는 그분들에 대한 미안한 감정을 찾아볼 수 없군요. 당신은 예수님을 믿는다고 하지만, 어떻게 무엇을 믿고 계신 겁니까?

그와 같이 교회 안에서도 사람들과의 관계로 힘들어하는 사람들이 적지 않은 게 사실이다. 예수님을 믿은 것은 좋았는데, 같은 교회 식구들에게 왕따를 당하고 섭섭한 마음을 품은 채 교회를 떠나는 사람도 있다.

교회에 나오는 성도들이라고는 해도 모두 죄에 얼룩진 평범한 인간들이다. 직장이나 동네, 학교 등에서의 인간관계와 마찬가지로 다른 사람의 욕을 하는 사람도 있고, 불친절한 사람도 있다. 그러나 그렇다고 해도 죽일 만큼 사람을 미워할 정도라면 본인 자신에게도 문제가 있는 것이라고 생각한다. 그 사실을 직시하지 못하면 진정한 회개를 할 수가 없다.

교회에서의 기분 나쁜 경험으로 스트레스가 쌓여 살인을 저질렀다고 하는 것은 결국 다 책임전가에 지나지 않는 말이다. 물론 상대방에게 심한 말을 들었다거나 억울한 일을 당했을지도 모른다. 그렇다고 해서 상대방에게 상처를 입혀야 할 이유가 되는 것은 아니다. 성경에는 이런 구절이 있다.

> 그러므로 예물을 제단에 드리려다가
> 거기서 네 형제에게 원망들을 만한 일이
> 있는 것이 생각나거든
> 예물을 제단 앞에 두고
> 먼저 가서 형제와 화목하고
> 그 후에 와서 예물을 드리라
>
> _마 5:23-24

인간관계를 나쁜 상태로 방치한 채 하나님 앞에 서는 것은 원래부터 옳은 일이 아니다. 그 이유는 사람과 사람과의 관계는 하나님과 나와의 관계가 반영되는 형태이기 때문이다.

성경의 다른 말씀에는 '보는 바 그 형제를 사랑하지 아니하는 자는 보지 못하는 바 하나님을 사랑할 수 없느니라'(요일 4:20)

라는 내용의 한 구절도 있다. 눈앞에 보이는 형제를 사랑하지 못하면서, 어떻게 보이지 않는 하나님을 사랑한다는 말인가. 또 사람에 대한 예의나 은혜를 모르는 사람이 어떻게 하나님에 대한 충성을 맹세할 수 있겠는가.

　이후에도 그와는 계속해서 서신을 주고받았다. 그러는 동안 서서히 자신을 냉정하게 되돌아볼 수 있게 되었고, 본인의 마음에도 문제가 있다는 사실을 직시하기 시작했다.

　저는 인간의 마음을 잃고 살았던 것 같습니다. 다시 한 번 성경을 읽겠습니다.

　교회 사람과의 트러블도 자신에게 원인이 있었다는 사실을 인정했을 때, 그의 마음에서 회복이 시작되었다. 그것을 계기로 유족에 대한 사죄의 말도, 피해자에 대한 사죄의 말도 나오게 된 것이다. 지금 그는 교도소 안에서 피해자와 유족을 위해 매일 기도를 하고 있다고 했다.

　그의 변화는 놀라운 형태로 결실을 낳게 되었다.

　어느 날 그와 같은 감방에서 지냈다고 하는 반신 불구인 사람으로부터 전화가 걸려왔다. 오랜 징역 생활을 마치고 출소했다는 그 사람은 그에게 정말 많은 신세를 졌다고 그간의 상황을 말해주었다.

"신도 선생님과 서신을 주고받은 후부터, 그 사람은 정말 많이 변해갔어요."

현재 장애인 시설에 들어간 그는 그 말을 전하려고 일부러 내게 전화를 준 것이었다.

"할렐루야!"

수화기를 내려놓자마자 나는 그렇게 외칠 수밖에 없었다.

유혹을 이기는
그리스도 의존병

─────── 어느 누구든 구원받고 싶다는 마음으로 교회를 찾아온다. 그러나 결과적으로는 각종 유혹에 사로잡혀 한 사람, 또 한 사람, 낙망하며 떨어져 나간다.

역설적인 표현일지 모르겠지만 유혹에 사로잡힐 일이 없는 교도소 쪽이 훨씬 더 육신을 정결히 하고, 평안을 유지할 수 있는 장소일지도 모른다. 교도소에는 여자도 없고, 돈도 없고, 술도 담배도 없는, 어떤 의미로는 유혹 많은 세상으로부터 분리된 청정한 세상이 펼쳐져 있다.

그런데 사회로 나와 다시 돈을 손에 쥐게 되면, 여자도 만나고 싶고 마약도 맞고 싶어진다. 새 삶을 살고자 해도 유혹을 이기기 위한 길고도 혹독한 투쟁이 기다리고 있는 것이다.

나 역시 갱생 단계에서 수없이 괴로운 경험을 했었다. 호감이 가는 여성이 보이면 당연히 남자로서의 욕구도 끓어올랐다. 그러나 나는 혼전관계나 퇴폐업소 같은 곳에 드나들지 않기로 굳게 맹세했다. 그 모든 결심은 하나님을 슬프게 해드리지 않기 위해서였다.

제2의 인생을 시작함에 있어서 나에게 중요했던 것은 하나님께 얼마큼 순종할 수 있는가였다.

하나님은 모든 것을 알고 계신다. 이전과 다름없는 생활을 거듭한다면 죽을 때가 되어 하나님 앞에서 뭐라고 변명할 수 있을 것인가.

하나님은 분명히 우리의 죄를 용서해주신다. 그럼 무슨 짓을 해도 회개만 하면 용서받을 수 있으니, 무슨 짓을 해도 괜찮은 것인가? 그런 일은 없다. 그렇게 쉽게 생각하는 사람은 진정한 구원을 얻을 수가 없다. 일단 용서를 받고 깨끗하게 되었다면 다시 죄를 짓고 더럽혀지지 않도록 애쓰는 것이 진정한 회개인 것이다.

야쿠자였던 내가 하나님에게 구원을 받았다. 그럼 그 다음에는 어떻게 살아가야 할까에 대해 진지하게 고민하고 생각해야만 한다.

물론 당장에 답이 튀어나올 만큼 단순한 이야기가 아니다. 살아 있는 한 어느 누구나 갈등은 끊이지 않는다. 교도소 밖으로 나와 거리를 걷다 보면 유흥업소가 있고 파친코도 있으며, 경마장도 있다. 유혹은 어느 곳에서나 굴러다닌다. 이러한 유혹들을 쳐부수고 완전하게 새로이 서는 일은 쉽지가 않다.

　약물을 시작으로 알코올이나 도박 등 중증 의존병에 걸려 있으면 더욱더 벗어나기 어려워진다.

　그럼 어떻게 하면 의존병에서 탈출할 수 있는 것일까. 대답은 다른 의존병에 걸리는 것이다. 그래서 나는 의존으로 향하는 방향을 전환시켜 "그리스도 예수님에게 의존하십시오"라고 말하는 것이다.

　사실 약물중독 및 도박중독이었던 내가 '그리스도 예수중독'이 되었기 때문에 약물중독은 물론 도박중독까지 완전하게 고칠 수 있었다.

　약물이나 도박 등 인생을 파멸로 치닫게 하는 중독으로 고민하고 있는 사람은, 꼭 한번 성경의 예수님의 가르침을 접해보기 바란다. 그 효과는 지금의 내 모습을 보면 대번에 알 수 있을 만큼 분명하고 뚜렷하다. 게다가 예수님은 인생을 파멸시키는 분이 아니므로 아무리 의존을 하더라도 부작용이 없다.

늘 예수님을 생각하면 마약이나 도박 따위는 잊어버릴 수 있다. 그 밖의 다른 유혹으로부터도 자신을 떼어놓는 일이 가능해질 것이다.

기독교 성도의 임무는 예수님이나 하나님이 기뻐하실 일을 늘 생각하고 실천하는 것이다. 그리스도 예수님에게 의존하여 그런 생각을 늘 마음에 두고 살면 마약이나 도박에 손을 댈 생각조차 나지 않는다.

과거 내가 야쿠자였던 시절, 마약을 즐기며 도박을 할 때는 뭐라고 표현하지 못할 흥분과 쾌감을 얻을 수가 있었다. 그런 나였기에 마지막 징역을 마쳤을 때 마약을 끊을 자신은 있었지만 솔직히 말해서 도박에 대해서는 불안한 부분이 어느 정도 있었다. 그러나 막상 출소를 하고 나서는 걱정했던 것보다 강한 유혹에 휘말리는 일은 없었다.

여기에는 이유가 있다. 나에게 있어 도박은 마약과 한 세트로 묶여 있었던 것이다. 마약을 하는 순간, 동시에 도박 스위치가 켜지는 것이 내 패턴이었다.

마약을 끊을 수 있었던 덕분에 도박 욕구도 사라졌다. 게다가 야쿠자 시절처럼 백만 엔, 이백만 엔 정도를 움직일 돈이 없었다는 것이 정말 다행한 일이었다.

그 무엇보다 '중증 그리스도 의존병'에 걸린 것이 가장 큰 힘이었다. 마약을 맞고 기분을 고조시키는 것보다 조용히 성경을 읽는 쪽이 더 행복감으로 가득 찼다.

강한 것에 의존하면 그 밖의 것들은 잊힌다. 하나님으로부터 받는 자극이 마약이나 도박 같은 것들보다 훨씬 더 강했고 뛰어난 것이었다.

이곳에서 만나는 일은
이제 그만합시다

─────── 자유를 빼앗긴 교도소에서의 삶은 정말 괴로워서 대부분의 재소자들은 두 번 다시 돌아오지 않겠다는 굳은 맹세를 하며 출소한다. 그러나 현실은 죄에 대한 반성과 갱생에 대한 결심이 그리 오래 지속되지 않고 많은 출소자들이 다시 교도소로 되돌아오는 실정이다.

오랜 불경기가 반영된 탓인지, 교도소 안에는 바깥세상에서 홈리스 생활을 했던 사람들도 많이 있다. 그들이 강도나 살인과 같은 흉악범죄로 손을 더럽히는 경우는 드물고, 대부분의 경우 식당에서 먹고 튀는 사기죄나 금품을 훔치는 정도의 절도죄로 교도소에 수감된다.

그들의 범죄 하나하나는 그리 무겁지 않은 것이지만 같은 죄를 반복하면 1년, 2년이라는 긴 실형이 떨어진다. 절도죄를 봐도 누계 범죄로 3년 이상의 실형이 나오는 경우도 있다.

그런데 매일의 잠자리와 호구지책을 노리고 일부러 교도소에 들어오는 홈리스도 장기간의 수감 생활을 겪다 보면 바깥세상을 그리워하기 시작한다. 설령 생활할 수 있는 집이나 일이 없더라도 자유로운 바깥세상으로 돌아가고 싶다고 소망하게 된다.

출소 후 생각을 바꿔 홈리스 생활에서 탈출하면 더할 나위 없이 좋겠지만 세상이 불경기이다 보니 간신히 얻은 일자리도 금방 잘리고, 다시 홈리스 생활로 되돌아가는 사람도 많다.

실제로 홈리스 생활은 3일만 하다 보면 익숙해진다. 첫날 품게 되는 굴욕감도 2일, 3일, 지나는 동안 서서히 둔해지게 되는 법이다. 그런 식으로 어느 결에 홈리스 생활에 젖어들어 간다.

매년 몇 번인가, 나는 우에노에 있는 교회가 주최하는 홈리스 음식 봉사를 하러 나간다. 그곳에서 아주 잠깐 말을 나눌 때가 있는데, 그때마다 나는 "지금 생활에 익숙해지면 안 됩니다"라고 간곡하게 목소리를 높이게 된다.

"저 역시 전직 야쿠자였어요. 그런 생활에 익숙해지다 보니 정말 손을 씻기가 쉽지 않았습니다. 그래서 여러분들이 새로운 삶을 시작하는 게 얼마나 어려운지 잘 압니다. 하지만 이렇게 저는 하나님을 믿고 구원을 받았습니다. 오늘 여러분들은 이 장소에서 그리스도 예수님의 가르침을 듣게 되었습니다. 아주 좋은 기회입니다. 여기서 새롭게 일어설 결심을 해봅시다!"

이런 식으로 말을 걸며 갱생의 기회를 붙잡아주기를 간절하게 바라는 것이다.

얼마간의 공백을 두고 오랜만에 음식 봉사를 나갔을 때, 밥을 기다리는 많은 사람들을 앞에 두고 물어본 적이 있다.

"지난번에 이 자리를 함께했던 목사입니다만, 그때에도 제 말을 들어주신 분이 계십니까?"

그러자 여기저기에서 손을 들었다.

ⓒ Naoki Shirai 절박한 마음으로 열의에 찬 설교를 하는 모습

"손을 들어주셔서 감사합니다. 하지만 여기서 또 저를 만나면 안 되는 겁니다. 다음번에 우리 만날 때는 가족으로 교회에서 만납시다!"

교회에 따라서는 숙식을 제공하는 곳도 있어서, 홈리스에게 언제라도 피신처가 되어줄 체제가 구축되어 있다. 사양하지 말고 가기만 하면 되는 것이다. 그럼에도 불구하고 속박당하기 싫다, 위축되기 싫다는 등의 이유를 들며, 그들은 웬만해서는 발길을 돌려주지 않는다.

예수님은 두 마리 물고기와 다섯 조각의 떡으로 오천 명의 남자, 나아가서 여자와 아이들을 합치면 일만 명이 넘는 사람들의 배를 부르게 하셨다고 성경 복음서에는 쓰여 있다. 그 유명한 '오병이어'의 기적으로, '오천 명에게 먹을 것을 주었다'는 말씀이다.

> 무리를 명하여 잔디 위에 앉히시고
> 떡 다섯 개와 물고기 두 마리를 가지사
> 하늘을 우러러 축사하시고
> 떡을 떼어 제자들에게 주시매
> 제자들이 무리에게 주니

> 다 배불리 먹고 남은 조각을
> 열두 바구니에 차게 거두었으며
> 먹은 사람은 여자와 어린이 외에
> 오천 명이나 되었더라
>
> _마 14:19-21

이 말씀을 소개하며 나는 홈리스들에게 메시지를 보낸다.

"여러분들은 예수 그리스도의 제자가 되고 싶은 것입니까, 아니면 배를 채우기 위해 모인 군중의 한 사람이 되고 싶은 것입니까? 배만 채우고 돌아가면 군중입니다. 하나님으로부터 생명을 받은 사람은 설령 살인자라고 해도 새로운 생명을 다시 꽃피울 수 있는 것입니다. 그러니 생명을 낳는 사람이 되어주십시오!"

과연 나의 말이 그들의 마음을 움직였는지는 알 수 없다. 어쩌면 영원히 도달하지 못할 수도 있다. 그렇다고 해도 "이곳에서 만나는 일은 이제 그만합시다"라는 말은 포기하지 않는다.

체포는
하나님의 은혜

———— 어느 날 크리스천이신 한 어머니가 상담을 위해 나를 찾아오셨다. 아들의 마약중독을 제발 고쳐 달라는 것이었다.

도움의 손길을 내밀게 된 나는 그 모자를 만나 여러 가지 이야기를 나누었다. 아들 역시 지금 상태에서 빠져나오고 싶다고 간절하게 말했다.

그리곤 얼마 동안 성실하게 교회를 다녔고 나는 그가 중독에서 빠져나왔다고 여겼다. 나아가서 세례를 받고 싶다는 희망을 말하게 되었는데, 시간이 흘러도 그 마음에 변함이 없었기 때문에 나는 그에게 세례를 주었다.

그런데 문제는 그가 약을 멈출 수가 없었던 것이다. 어느 날

상담을 하고 싶다며 교회로 찾아왔다.

"목사님, 죄송합니다. 세례까지 받게 해주셨는데, 제가 또다시 약을 하고 말았습니다. 정말 죄송합니다……."

설마 하는 생각도 있었지만 결국 우려하던 일이 일어나고야 말았던 것이다.

"자네, 정말로 약을 끊을 생각은 있는 건가? 자네가 약을 하든 말든 내 몸이 아픈 건 아니지. 자네 자신의 몸을 망치는 것뿐 아니겠나. 나는 하나님이 아니니, 몇 번이나 이런 일이 계속되면 용서하기가 힘들어. 정말로 끊을 마음이 있다면, 지금 당장 휴대전화를 나한테 맡기게."

내가 그렇게 말하자 그는 순순히 자신의 휴대전화를 내놓았다. 그런 모습을 보니 그 역시 약을 끊으려고 필사적이라는 것이 느껴졌다.

그런데 며칠 후 밤에 생각도 못한 곳에서 전화가 걸려왔다. 그것은 신주쿠 경찰서로부터였다. 급히 달려가 보니 그곳에는 신주쿠 대형 잡화점에서 소매치기를 하다 붙잡힌 그가 있었다.

어쩌다가 소매치기 같은 짓을 했을까. 나는 기가 막혀 말이 안 나왔다. 나중에 사정을 들어보니, 마약 금단현상을 완화시키려고 다량의 수면제를 복용한 뒤 외출했던 것이라고 한다.

그는 그 자신이 가게에서 무슨 짓을 했는지도 기억을 못 했다. 수면제로 정신을 못 차리고 용무도 없는 대형 잡화점에 들어간 모양이었다. 그는 가게에 들어간 자체도 기억하지 못했다.

몽롱한 정신으로 가게에 들어가서 점두에 진열해놓은 보스턴 백을 집어 들고 그 안에 구두, 셔츠, 컴퓨터 용품 등을 쓸어 담았다고 한다. 가방이 가득 차자 그는 지불도 하지 않고 가게를 나왔다. 그 직후 바로 뒤를 쫓아온 가게 종업원에게 붙잡히고 만 것이었다.

말로 다 표현하지 못할 한심한 결과이지만 수면제로 인해 기억이 있든 없든 가게 입장에서는 도난 사건에 지나지 않는다.

신원보증인이 있으면 이번만은 용서를 받을 수 있다고 해서 지방에서 거주하는 그의 어머니를 대신하여 내가 데리러 가게 된 것이다.

그러나 이번에는 내 과거가 원인이 되어, 일이 조금 복잡하게 꼬이고 말았다.

내 신원 조회를 해보니 야쿠자 시절의 데이터가 경찰서에 그대로 남아 있었다. 그래서 나는 지금의 내 입장을 설명하고 과거의 데이터 삭제를 부탁했다.

"그래도 자네처럼 조직의 두목 대행 자리까지 있었던 사람은 웬만해선 데이터 삭제가 어렵지."

경찰은 내 부탁을 들어주지 않았다.

"그래도 지금은 목사이고, 제가 이곳에 온 것도 목사로서 신원보증인 자격으로 온 것입니다."

몇 번이나 설득을 해보았지만, 조직으로부터 탈퇴신청서를 받지 못했다는 것이 이유가 되어 끝내 과거의 데이터를 지울 수가 없었다.

신주쿠 경찰서에서 그를 대면하니, 그는 직립 부동의 자세에서 죄송하다는 말만 반복하며 눈물을 흘리고 있었다.

그가 진심으로 반성하는 모습을 보이고는 있었지만, 정신을 더 바짝 차리게 해줘야겠다는 생각을 하고 책상을 발로 차며 고함을 질렀다.

"뭐 하는 녀석이야, 넌!"

내가 상품 대금인 8만 엔을 지불하자, 경찰은 그제서야 그를 풀어주었다.

돌아오는 길에 들린 가부키초에서 소고기덮밥을 함께 먹었다. 이런 일을 겪게 해서 정말로 면목이 없다며 또다시 눈물을 흘리는 그를 안정시킨 후 나는 그를 아파트로 돌려보냈다.

그런데 그날은 그것으로 끝나지 않았다.

수면제를 복용해서 몽롱한 상태였던 그는 알 만한 사람이 보면 금방 정상이 아님을 알 수 있는 표정을 짓고 있었다.

지하철 역으로 향하는 도중 그는 결국 경찰에게 제지를 당했다. 피상적인 질문을 끝내자마자 약물검사를 위한 소변을 채취했고, 환각제 반응이 나왔다.

그가 나에게 휴대전화를 건네준 지 5일밖에 지나지 않은 시점이었다. 소변검사에서 마약 반응을 없애려면 최저 일주일의 시간이 필요하다. 간신히 신주쿠 경찰서에서 빼내왔음에도 불구하고 결국 환각제 사용 혐의로 체포되었다.

그 후 재판에서 환각제 사용죄로 징역 2년이라는 판결이 나왔다. 그는 지금 주고쿠 지방 교도소에서 복역 중이다.

어쩌면 붙잡힌 것이 그를 위해서는 더 유익한 일이었는지 모른다. 그가 보낸 편지에도 교도소 안에서는 열심히 성경을 읽으며 지낼 수가 있으니, 그대로 유야무야 반복적으로 하나님을 배반하는 것보다는 다행이라고 쓰여 있었다. 마약 역시 교도소 안에 있으면 절대로 손을 댈 수가 없기 때문에 약물중독에서 완전하게 탈출하기에도 좋은 기회일 수 있다.

그가 그날 경찰의 검문을 받게 된 것은 분명히 하나님의 섭리였다. 하나님께서 교도소행이라는 판단을 내리신 것이다.

마약 같은 것에 중독된 사람한테 무슨 세례냐고 하는 성도들도 있다. 그러나 나는 약물중독으로 고통을 받고 있는 사람이기에 다른 사람보다 더욱더 하나님께 기댈 수 있고, 예수님의 사랑과 넘치는 은혜를 더 깊이 느낄 수 있다고 믿는다.

'죄가 넘치는 곳에 은혜도 넘친다.'

'많은 것을 용서받은 자가 더 많이 사랑한다.'

다 하나님의 말씀이지만 그가 출소해 나왔을 때 그 스스로가 이 말씀이 진실임을 입증해주리라 나는 믿고 있다.

아버지의 자살

───── 일본에서는 지금 연간 3만 명이 넘는 자살자가 나온다. 그러나 이것은 유서 등으로 분명하게 자살이라고 알 수 있는 경우를 카운트한 것일 뿐, 실제로는 이것보다 몇 배의 사람들이 자살로 생을 마감한다.

마더 테레사 수녀님은 일찍이 "일본은 풍요롭지만, 마음이 빈곤하다"고 말했다. 식량 부족으로 인한 기아에 시달릴 일은 없지만 마음의 배고픔과 갈증을 강하게 느꼈다고 한다.

물질적으로 풍요로워지면 풍요로워질수록 마음이 황폐해져 갈 수도 있다.

인간은 태어난 이상 물질적인 부와 명예라고 하는 눈에 보이는 것에 의지하며 사는 존재다. 부자가 되는 일이 행복해진다와

동의어가 되었고, 경제적인 성공만을 위해 쫓기며 살아가게 된다. 반대로 경제적으로 충족되지 못하면 그것을 불행이라고 느끼고 마음의 여유를 잃어간다. 돈 따위로 자살할 필요가 없음에도 불구하고 그것이 원인이 되어 스스로 목숨을 끊는 사람도 적지 않다.

사실 내 친아버지도 자살로 생을 마친 한 사람이다.

4년 전의 일이다. 출소 후에도 나는 친부를 만나지 않았다. 그동안 나는 자력으로 교회를 개척했고, 목사로서 복음 전도를 하게 되었다. 그래도 아버지를 한번쯤은 만나야겠다고 생각했고 나는 사는 곳으로 찾아가 보았다.

그때 아버지의 모습에서 딱히 특별한 점은 보이지 않았다. 그러나 그로부터 4일 후, 그는 목을 매고 자살을 하고 만다.

복음 전도라고 하는 것은 인간의 마음에 예수님에 의한 구원의 말씀을 전달하는 일이다. 그런 일을 최우선으로 하고 있으면서도 나는 아버지의 괴로움조차 이해해주지 못했을 뿐만 아니라, 그 고통을 위로하기 위한 기도도 해드리지 못했다.

아버지는 술 마시고, 도박하고, 쇼핑을 좋아하던 사람이었다. 특히 여자에게는 성실한 성격으로 바람 핀 내연녀와 합치기 위해 집까지 나가버렸다.

마음 가는 대로 놀고, 불륜을 저지르고, 종국에는 나의 어머니를 버린 아버지. 그의 분방한 행동은 어머니뿐만 아니라 다른 사람들도 괴롭혔을 것이다. 아버지가 주변 사람들에게 주었던 고통이 돌고 돌아서 자신에게 돌아갔던 것이 아닐까, 나는 그런 생각이 들기도 했다.

야쿠자 시절, 위세를 떨치던 시기도 있었던 나였지만, 그런 나를 보면서도 아버지는 절대로 돈을 바라는 그런 사람은 아니었다. 자식의 신세는 지지 않겠다는 자존심이 있었던 사람으로, 완고하게 그 자존심을 지키려고 했다.

그러나 마지막에 아버지를 만났을 때, 지금까지 보여줬던 모습과는 조금 느낌이 달랐다.

헤어질 때 지갑에서 1만 엔을 꺼내 아버지께 드리려고 했다. 그러자 아버지는 지금까지 늘 그래 왔던 대로 "괜찮다, 넣어둬"라고 말하며 받으려고 하지 않았다. 그러나 나는 아버지께 어떻게든 드리고 싶었다.

"아버지, 이건 제가 일해서 번 돈이에요. 야쿠자 짓으로 번 돈이 아니에요."

내가 그렇게 말하자, 아버지는 "아, 그렇구나"라고 말하며 간신히 그 돈을 받아주었다.

"그건 그렇고, 네가 목사를 하다니, 믿을 수가 없구나."

실감이 느껴지는 아버지의 독백이었다.

그로부터 4일 후 아버지는 서두르듯 세상을 떠났다. 정당한 일로 번 돈을 받아준 것이 마지막 추억이 되어버리고 말았다. 그 돈을 아버지가 써주었는지 아닌지는 알 수가 없다.

무슨 이유인지 아버지의 사체에는 목을 맨 흔적이 전혀 보이지 않았다. 자살 소식을 들으면 쇼크를 받을 어머니를 걱정한 나는 사실을 감추고 뇌출혈이었다고 전했다. 그런 거짓말이 충분히 통할 만큼 고요한 얼굴이었다.

장례식 날, 나와 어머니는 장례식장에 안치된 아버지를 만나러 갔다. 헤어졌지만 어머니에게는 아버지에 대한 정이 남아 있었다.

장례식장에는 교회 멤버들이 함께 와주었다. 장례 전에 아버지의 시신 곁을 지켜줄 사람이 아무도 없었기 때문에 우리들은 아버지 앞에서 기도를 드리고 찬송가를 부르며 시간을 보냈다. 신기하게도 시간이 흐르면서 아버지의 표정이 점점 온화하게 변하는 것이 느껴졌다.

이렇게 나는 아버지와의 마지막 이별을 고했다. 그러나 아버지의 사후, 완전한 회복까지 3개월이나 걸렸다.

'목사인 내가, 어떻게 친아버지의 괴로움 하나를 달래드리지 못했을까…….'

어느덧 나는 나를 자책하고 있었던 것이다.

자살이 나쁜 큰 이유 중 하나는 남겨진 사람들을 고통스럽게 한다는 점이다. 가족이나 친구들은 '어떻게 아무것도 해주지 못했을까' 하는 괴로움에 시달린다.

나아가 자살은 하나님으로부터 받은 소중한 생명을 함부로 끊는 행위이기도 하다. 조금 더 극단적으로 표현한다면 일종의 살인인 것이다. 그러한 생각에서 가톨릭에서는 자살로 죽은 사람의 장례를 치르지 않았던 시기도 있었을 정도다.

아버지는 향년 63세였다. 이유는 있었겠지만 그렇게나 빨리, 게다가 자살이라는 형태로 세상을 등지기를 바라지 않았다.

장례식 때, 아버지의 현재 아내가 달려와서 "타츠야 씨, 정말로 미안해요"라며 울고 사죄를 했다.

나와 마찬가지로 사별의 괴로움과 슬픔을 품고 있는 그녀에게 "당신 탓이 아닙니다. 아버지가 스스로 선택한 일이에요"라고 말하며 위로해주었다.

죽음에 대해 이유를 다는 것보다는 함께 눈물을 흘려주는 목사로 남고 싶다고 장례식을 치르며 그렇게 생각했다.

아버지를 자살로 잃어버리고 말았지만 그 영혼이 천국으로 갈 수 있는지 아닌지는 하나님의 영역이다. 그러한 자리에서 하나님을 믿지 않고 죽으면 무조건 지옥이라고 외치는 목사가 되고 싶지는 않았다.

분명한 일은 그리스도 예수를 믿으면 영원한 생명을 받고 천국행 티켓을 받는다는 것뿐이다. 어느 누구든 그 티켓을 받을 수 있지만, 그것을 손에 넣을지 말지는 스스로 정해야만 하는 일이다. 아버지의 죽음 앞에서 그런 여러 생각을 했다.

눈앞만 보면 안 된다

죄의 유혹과 전도의 무기

모든 우연에 하나님의 계획이 있다

성경에는 대역전극이 넘친다

미움으로부터의 자유

평화를 이루는 자

교회를 찾아오는 다양한 사람들

교도소 강연의 소망

교도소 전도가 가져다준 기적

무기징역인들의 친구

죄인들을 줄이기 위해서는

제6장

신의 도 문 사 목 의 전

눈앞만 보면 안 된다

───── 목사로서 중요한 것은 당장 눈앞에 보이는 현상 그 자체만 보는 게 아니라 앞을 꿰뚫어볼 수 있어야 한다. 앞을 내다보고 무언가 보이면 그것을 상대방에게 알기 쉽게 전달해주고 기도해주는 것이 목사의 중요한 역할이다.

현 상태로는 패배로 보이지만 실은 그것이 성공으로의 일보였거나 승리하기 바로 직전의 상태이기도 한 경우가 실제 생활 속에서 자주 일어난다. 그러나 패배를 당할지도 모를 당사자의 입장에서는 눈앞의 패배에만 마음을 빼앗기기 쉽기 때문에 앞을 내다볼 정신적 여유가 없을 수밖에 없다. 그러한 때 대화를 나누며 앞으로는 반드시 좋은 일이 있을 거라고 격려하고 세워주는 것이 목사의 일이다.

2000년 전, 예수님이 십자가에 못 박히던 순간은 누가 보더라도 패배로 보였을 것이다. 그러나 그 후의 역사를 되짚어보면 예수님의 가르침이 잊히기는커녕, 반대로 전 세계에 전파되어 나갔고 많은 사람들의 마음의 피난처가 되었다. 다시 말해 십자가는 패배의 증거가 아니라 승리의 증거였던 것이다.

그것을 최초로 증명한 것이 처형 후 셋째 날에 일어난 예수님의 부활이었다. 그 부활은 영원한 생명을 증명한 것일 뿐 아니라 우리들의 인생도 거듭날 가능성이 있다는 것을 알려준다.

나는 가끔 암으로 육신의 고통을 당하는 사람을 만나 치유의 은혜가 내려질 수 있도록 기도할 때가 있다.

그 사람이 암으로 소천할지 아닐지는 하나님이 정하시는 일이라 내가 알 수 있는 영역이 아니다. 이는 지극히 현실적인 문제이기에, 기적이 일어나 병이 낫는 사람도 있지만 애석하게도 병이 낫지 않는 사람도 있다. 그러나 기독교 성도들에게 있어 '죽음'은 슬프다거나, 초라하다거나, 안타깝다는 차원의 문제가 아니다.

인간은 인생의 긴 여정 속에서 많은 흔적을 남기고 갈 수 있는 가능성을 내재하고 있다. 설령 병이 낫지 않고 이 지상에서 고통스러운 투병생활을 보내야만 한다고 해도, 이 지상에서의 인생을 용감하게 수행하고 많은 증거와 함께 여행을 떠나면 자랑스러운 마음으로 천국의 그리스도를 마주할 수 있다.

  죽음을 받아들이는 한편, 하나님으로부터 부여받은 생명의 마지막 한 순간까지 거룩하게 살아가는 일은 실로 하나님의 자녀로서의 행실이기도 하고, 증거 그 자체인 것이다.

  병을 물리칠 수 없어도 기도로 치유받고 절망으로부터 새롭게 설 수만 있다면, 같은 병을 앓고 있는 사람들을 격려하고 나아가서는 위로해줄 수도 있다. 하나님으로부터 받은 위로를 다른 사람에게도 나눠줄 수 있다면 그보다 더 멋진 일이 어디에 있겠는가.

죄의 유혹과
전도의 무기

─────── 마약을 끊겠다고 맹세한 사람이 몇 번이나 맹세를 깨고 다시 마약에 손을 대는 경우는 안타깝게도 수도 없이 많다.

그런 일들을 대할 때마다 나는 몇 번이고 '하나님과의 약속을 깨다니, 뭐 하는 짓이냐'며 분노를 터트리고 싶을 때가 있다.

그러나 그들에게 끊고 싶다는 의지가 있는 한 용서하고 격려하며 그들을 위로해준다.

단지 하나님께 맹세한 이상 약속을 깨는 일은 하나님과의 관계를 단절시키는 일이고, 지옥으로 떨어지는 일이라는 걸 분명하게 해둔다. 그 사실만 깨닫는다면 두 번 다시 약속을 깨려는 생각은 하지 못할 것이다.

유혹을 느끼는 것은 비단 약물에 대해서만이 아니다. 이성에 대한 것도 있고 도박, 또는 술인 경우도 있다.

우리들은 늘 이러한 유혹에 노출되어 살아가는데, 훈련을 쌓아가며 하나님이 기뻐하시는 길을 매번 선택해나가다 보면 어느 순간 유혹을 컨트롤할 수 있게 된다. 이것이 가능해지면 지금까지 유혹이라 여겼던 것들이 자연스럽게 안중에도 들어오지 않게 되고, 그 이상으로 하나님을 따르는 기쁨으로 충만해지게 된다.

구약성경 속에는 간음을 범한 다윗왕이 상대 여성의 남편을 죽이고 마는 이야기가 나온다. 큰 죄를 범한 다윗왕은 그 잘못을 예언자 나단에게 지적받고 하나님과의 단절을 느끼지만, 그는 다시금 마음을 바로잡고 혼신을 다해 회개의 기도를 올리고, 하나님을 찬양하며 최종적으로 용서를 받는다.

예언자 나단에게 죄를 지적받았을 때 그는 왕이었지만 변명하지 않고 "나는 나쁜 짓을 했습니다"라고 인정한 후 끊임없이 회개했다.

하나님은 인간의 마음의 깊이를 꿰뚫고 판단하실 수 있다. 다윗왕이 진실하게 회개한 것을 하나님은 아시고 다시 왕으로서 군림할 수 있도록 허락하신 것이다.

수천 년 전의 중동의 역사에서도, 현대 일본의 이야기 안에서도, 하나님과 인간과의 관계는 변하지 않는다. 죄를 용서받으면 인간은 생기가 돈다. 의욕도 생기고 하나님으로부터 부여받은 사명감을 느낄 수도 있다. 전직 야쿠자였던 나도 하나님께 용서받고 하나님으로부터 사명을 받았다고 생각한다.

재미있는 점은 회개를 하고 구원을 받은 사람들은 각자 본인들의 '원점'으로 회복해간다는 것이다.

홈리스를 했던 경험이 있는 목사님은 홈리스 전도로 돌아간다. 나와 같은 사람은 교도소 전도나 마약중독으로 괴로워하는 사람들에 대한 전도에 전념하게 된다.

하나님은 각자가 걸어왔던 인생을 완전히 지우는 것이 아니라 지우고 싶은 과거를 유익하게 바꾸어서, 그것을 크리스천으로서의 전도의 무기로 바꿔주시는 것이다.

모든 우연에
하나님의 계획이 있다

───── 만약 당신의 시계가 고장 났다면 다시 사용하기 위해서는 수리점에 가서 시계를 고쳐오는 것이 당연한 일이다.

그럼 살아 있는 인간의 상태가 나빠졌다면 어떻게 해야 할까. 그런 경우는 인간을 창조하신 하나님 곁으로 나아가 고침을 받는 것이 최고다.

사람에게 의지하는 것에는 아무래도 한계가 있다. 의료 시스템을 봐도 당연한 일이지만 만능이 아니다. 역시 창조주의 곁으로 나아가지 않으면 근본을 고치는 것은 불가능하다.

신약성경 에베소서에는 '(하나님은) 곧 창세 전에 그리스도 안에서 우리를 택하사 우리로 사랑 안에서 그 앞에 거룩하고 흠이 없게 하시려고'(엡 1:4)라고 쓰여 있다.

내가 세례를 받은 것은 서른두 살 때인데, 그 이전으로 거슬러 올라가 보아도 '구원받았다'는 경험을 몇 번인가 했다.

내가 태어나기 전의 일이다. 어머니는 나보다 먼저 남자아이를 임신했었는데 출산 시 탯줄이 아기의 목을 감았고 결국 질식으로 죽어버렸다고 한다. 그리고 다음에 생긴 아이가 나였다. 문제는 내가 태어날 때도 탯줄에 목이 감겼고 몹시 위험한 상황이었다고 했는데, 그런 생사의 위기를 뚫고 나는 이 세상에 나올 수가 있었다.

세 살 4개월 때에는 교통사고를 당해 머리에 길이 2센티의 플라스틱을 심는 대수술을 한 적도 있다. 뇌진탕, 뇌출혈, 두개골 골절로 99.9% 살 수 없다는 말을 들었다고 한다. 나는 아버지와 같은 AB형이었기 때문에 아버지의 피를 수혈받고 두 번의 수술을 거쳐 살아날 수 있었다.

열아홉 살 때에는 싸움에서 지는 바람에 세 살 때 다친 곳을 강하게 얻어맞았다. 혹시나 해서 CT검사를 해보았지만 머리에 심었던 플라스틱이 반사해서 출혈된 장소가 비치지 않았다. 그러다 머릿속에 피가 뭉쳐 어딘가를 압박했던 탓인지, 하루 종일 졸렸고 이상한 생각이 들어 뢴트겐 사진을 찍어보았다. 그때 대량의 피가 고여 있는 것을 발견해 긴급 수술에 들어갔다.

수술 직후 출혈 탓인지 경련과도 같은 증상은 있었지만 다행히 후유증도 없이 지금도 자유롭게 살고 있다.

삶의 이 모든 사건들을 그저 운이 좋았다고 받아들일 수도 있다. 그러나 나는 하나님의 완전한 계획에 따라 이러한 위기에서 벗어날 수 있었다고 생각한다. 그리고 그간 죽었어도 이상하지 않았던 나를 몇 번이나 구해주신 것에 대하여 하나님께 늘 감사한 마음을 품고 산다.

성경에는
대역전극이 넘친다

───── 성경 속에는 몇 가지 에피소드만 보아도 끊임없이 인내한 믿음의 사람들이 나온다.

창세기에 등장하는 아브라함은 기독교 신앙의 아버지라 불린다. 그의 인생은 인내와 시련의 연속이었다.

하나님의 계시를 받고 그때까지 거주하며 살던 하란을 떠난 것은 아브라함이 일흔다섯 살 때였다. 가족들과 하란에서 모은 소유와 얻은 사람들을 이끌고 그는 가나안 땅을 향해 출발한다. 아브라함과 그의 처 사라에게는 자식이 없었고, 그들은 자식을 갖는 것을 포기하고 있었다. 그런데 아브라함이 아흔아홉 살이 되었을 때, 그의 앞에 하나님이 나타나서 아브라함과 본처인 사라에게 자식을 주시겠다고 말씀하셨다.

아브라함은 그 말을 믿고 기다렸다. 그리고 그 말씀을 받은 지 1년 후인 백 살 때, 사라와의 사이에서 아들 이삭을 얻는다. 일흔다섯 살 때부터 시작한 이주도 큰 시련이었지만, 사라와의 사이에서 자식을 얻을 때까지 아브라함에게는 많은 인내가 요구되었다.

아브라함의 손자로 훗날 이스라엘에서 유태인의 시조라 불리는 야곱의 경우, 아브라함의 고향인 하란으로 이주하여 그곳에서 21년간이나 일을 한다. 게다가 21년 동안 처음 14년은 무료 노동이었다. 그러나 야곱은 그러한 상황에서도 도망가려 하지 않았다. 어쨌든 참아가며 계속해서 일을 한 것이다.

14년간의 무료 노동 뒤, 야곱은 다시 7년간을 자신의 재산 축적을 위해 일했다. 어느 하루도 편히 쉬는 날 없이 끊임없는 인내의 연속이었다.

그러나 야곱은 가나안 땅으로 돌아가겠다는 희망이 있었다. 그리고 그 희망은 최종적으로 이루어졌다.

구약성경 주인공들의 이야기들을 읽다 보면 10년이나 20년의 인내 정도는 당연한 일임을 알게 된다. 그들은 30~40년 동안 필사적으로 견디며, 언젠가는 따뜻한 빛이 비쳐질 날이 오리라고 끊임없이 기다렸다.

일상생활에 희망도 없이 현재 고통을 겪고 있는 사람이 있다면, 꼭 한 번 구약성경을 읽어보았으면 한다. 반드시 힘을 얻을 수 있으리라 믿는다.

나도 교도소 안에서 구약성경을 읽고 '2년 4개월의 형기쯤이야, 순식간에 지나가지. 잠시 쉰다고 생각하자' 하고 생각했던 사람이다.

구약성경 안에는 투옥된 신세가 되어 몇십 년이나 감옥 안에서 갇혀 살았던 사람들의 이야기가 많이 나온다. 게다가 그들이 수감당한 곳은 무려 지하 감옥이었다.

지금부터 2000년 이전의 이야기이다. 당시의 지하 감옥 환경이 지금보다 결코 쾌적한 곳이 아니었음은 틀림없다. 그에 비하면 일본의 교도소 정도면 '낙원'과도 같은 곳이라 생각했다. 게다가 크리스천에게는 프라이드치킨에다 작은 케이크까지 나온다. 또 운동회날도 있어서 소프트볼 대회가 열리기도 했다. 나는 교도소 안에서도 긍정적인 생각만 하려고 애쓰며 괴로운 교도소 생활을 극복했다.

그래서 나는 장기 구형을 받은 사람에게 "구약성경 주인공들을 보십시오"라며 격려의 말을 전한다. 그리고 또 이렇게 말을 한다.

"그들은 얼마큼 오랜 세월을 감옥에서 보냈을까요?"

"얼마나 많은 사람들이 자신들의 나라를 빼앗기고 오랜 세월 난민 생활을 해야만 했다고 생각하십니까?"

아브라함이나 야곱의 인생을 앎으로써, 그들이 조금이라도 마음의 지지대를 세워줬으면 좋겠다고 생각한다.

구약성경 이야기를 조금 더 살펴보면 야곱의 아들로, 요셉이라는 인물이 있다. 그는 어린 시절, 형제들에게 죽임을 당할 뻔한 일이 있었다. 요셉은 다행히 살인의 위기에서 벗어날 수 있었지만 노예 신분으로 이스마엘 사람에게 팔려 갔고, 이집트 궁정 친위대장 곁으로 흘러간다.

노예가 된 요셉이었지만 하나님의 보호를 받았던 그였기에 하는 일마다 모두 순조롭게 풀려나갔다. 노예 신분이면서도 친위대장 집의 모든 관리를 맡게 되었고, 주인의 집을 번성시켰던 것이다.

그러나 그 후 요셉은 억울한 죄를 뒤집어쓰고 감옥에 갇혀버린다. 그래도 하나님은 요셉과 함께하셨다. 은혜를 받은 요셉은 옥중 관리를 맡게 되었다.

요셉의 인생은 실로 파란만장했다. 감옥을 관리하게 된 이후에도 요셉에게 많은 일들이 일어났고 최후로는 이집트의 총리에까지 오르게 되는데, 더 자세한 내용을 알고 싶은 사람은 꼭 창세기를 읽어봤으면 좋겠다.

아무튼 요셉은 하나님과 함께했기 때문에 본인의 처지를 피하지 않고 맞서 대처할 수 있었다.

교도소 안에서 창세기를 읽은 나는 성경 속 인물들을 통해 몇 번이나 구함을 받았는지 모른다.

'나는 지금 교도소 안에 있지만, 나 같은 자도 하나님의 사랑을 받고 있다. 이렇게 살면 안 된다. 과거의 나를 바꿔야만 해.'

그런 생각을 하면서 출소 후에는 반드시 새롭게 살리라고 마음속으로 굳게 맹세했다.

한 번만 제대로 읽어봐도 알 수 있지만, 성경에는 이보다 더한 것이 있을까 싶을 만한 '대역전극'이 많이 펼쳐진다.

요셉처럼 죄인의 몸으로 일국의 총리가 된다거나, 아브라함처럼 백 살이 되어서 자식을 얻기도 한다.

그리고 구약을 지나 신약 시대에 접어들어도 '역전극'은 변함없이 펼쳐진다.

일개 어부였던 베드로가 예수님의 제자들의 리더가 되기도 하고, 바울처럼 그리스도 교인들을 박해했던 인물이 훗날 대전도자가 되기도 한다.

ⓒ Naoki Shirai 죄인의친구주예수그리스도교회에서 설교를 하는 모습

　성경은 설령 자신이 처한 환경이 아무리 험할지라도 어느 순간이 오면 확 뒤바뀌어버리는 일도 있다는 것을 가르쳐준다.
　마약중독에 빠진 야쿠자였던 내가 그리스도를 믿게 된 계기로 목사까지 되고 말았다. 이 또한 말하자면, 하나님의 계획에 의한 하나의 '대역전극'일지도 모른다.
　내 경우 야쿠자에서 목사로 변신했기 때문에 그 변모 양상은 주변 사람들이 비교적 알기 쉬웠을 것이라고 생각한다. 그러나 외견상으로는 크게 달라 보이지 않아도, 하나님을 알게 됨으로써 얻게 되는 평안함과 행복감으로 마음속이 크게 바뀌는 사람들도 있다.

부와 명예만 좇다가 하나님의 존재하심을 깨닫고 지금까지의 가치관이 크게 뒤집혀버리고 만 사람, 다니고 있는 직장상사의 잔소리가 견딜 수 없게 싫었는데 하나님과의 만남을 계기로 오히려 고맙다는 생각이 든다는 사람, 죽고 싶다고 생각했었는데 예수님과의 만남으로 반드시 살아서 이겨내겠다는 의지가 생긴 사람 등등 이러한 마음의 변화는 하나님을 믿는 사람들의 입에서 넘쳐난다. 믿지 않으면 알 수가 없을지도 모르겠지만 실제로 우리 주위에서 일어나고 있는 변화의 현실이다.

하나님을 믿는 순간, 하나님의 사랑을 받고 있었다는 사실을 실감하게 된다. 그리고 하나님의 사랑을 받으면 이번에는 자신을 사랑하게 된다. 자신을 사랑하게 되면, 그 다음에는 타인을 사랑할 수 있게 된다. 하나님의 힘으로 이렇게 놀라운 환경이 만들어지는 것이다.

작은 변화도 상관이 없다. 한 명이라도 더 많은 사람들이 하나님의 힘에 의한 인생의 '대역전극'을 부디 경험했으면 좋겠다.

미움으로부터의 자유

─────── 하나님의 창조물로서 우리 인간은 이 세상에 태어났다. 그리고 하나님은 모든 인간들에게 양심을 나눠주셨다.

모든 인간들에게 나눠준 것이니, 야쿠자에게도 양심은 있다. 그 증거로 야쿠자에게도 의리, 인정이 있고 어린아이를 귀여워하는 상냥함도 가지고 있다.

그러나 그것이 얼마큼 깊은 양심인가에 대해서는 의문이 있다. 야쿠자는 결국 자신의 필요에 의해 일반 사람들을 괴롭히고 울려야만 한다. 야쿠자로 살아가는 길을 선택한 순간부터 하나님으로부터 부여받은 양심을 죽여야만 하는 삶인 것이다.

그리스도 예수님은 '자신에게 불이익을 주는 사람도 사랑하고 축복하라'고 가르치신다. 도저히 불가능한 일이라고 생각할지 모르겠지만 진짜 그리스도의 제자가 되는 순간 그것은 가능한 일로 바뀌게 된다.

이런 말을 하면 아직도 허세를 떨고 멋진 척한다며 비아냥거리는 사람도 있을 것이다. 사실 나도 인간이다 보니 자신에게 불이익을 주는 사람들을 사랑하는 일이 어렵게 느껴질 때도 있다. 그러나 진정으로 예수님의 가르침을 따르려고 결단하면 역시 모든 것이 다 가능한 일이 되며, 미움과 원한을 마음에서 놓는 순간 사랑하고 축복하는 일도 가능하게 된다. 이것이야말로 크리스천의 특권이라고 말해도 좋다.

영화 〈허리케인〉의 모델이 된 미국의 실제 인물로, 억울한 죄를 뒤집어쓰고 22년이나 되는 긴 세월을 복역한 루빈 카터라는 전직 복서가 있다.

무죄가 증명되어 석방되었을 당시 인터뷰에서 "나를 투옥시킨 사람들을 미워한 적도 있지만, 지금은 전혀 미워하지 않는다"고 말하며 "미움은 자신을 약하게 만든다는 것을 나는 안다"고 명언을 남겼다.

석방 후, 그는 분노감을 일체 보이지 않았다. 그러한 심경에 이르렀던 것은 성경을 읽고 있었기 때문에 하나님의 힘이 역사하신 것이라고 생각한다.

일본에서도 무고죄에 대한 문제가 크게 거론되고 있다. 억울한 죄는 결코 일어나서는 안 되겠지만, 문제가 발생했다면 관계 각처에서는 무고죄로 고통받은 사람들에게 사죄를 하고 확실하게 보상을 해야만 한다.

무고죄를 뒤집어쓴 사람들의 분노와 원망은 감히 가늠하기 어려울 정도라고 생각한다. 그러나 그렇게 강하게 품은 미움과 원망의 마음은 결국 마지막에는 자신까지 파괴해버리는 결과만 낳지 않을까 염려가 되기도 한다.

대단히 민감한 문제이지만 범죄 피해자나 범죄 피해자 가족들에 대해서도 같은 말을 할 수 있을 것이다.

타의에 의해서 자신의 인생이 망가트려지거나, 사랑하는 사람을 한순간에 빼앗긴 가족에 대해서는 동정의 마음을 금하지 못하겠다. 그 한편으로 피해자 가족들이 끝도 없는 증오의 감정에만 사로잡혀 살아가게 된다면 반드시 자신을 망가트리는 결과만 낳는다. 분노는 인격을 일그러지게 하고, 복수심에 불타는 만큼 자신의 생을 헛되게 만들어버린다. 가해자에 대한 분노는 정말 당연한 일이다. 그러나 자신의 마음이나 생명을 지키기 위해서라도 미움과 분노의 감정으로부터 해방될 수 있도록 우리 목사들은 위로하며 그들과 협력하고 싶다.

한국의 목사님 중에 자신의 아들을 죽인 범인을 출소 후 양자로 삼아 돌봐주었다는 사람도 있다. 신세를 진 살인자는 목사님을 통해 그리스도의 진정한 사랑을 깨닫게 되고, 이번에는 본인이 목사가 되어 그 사랑을 전하였다고 한다. 하나님의 섭리 안에서는 이와 같은 기적도 일어난다.

성경에는 '너희는 저주하는 자를 위하여 축복하며 너희를 모욕하는 자를 위하여 기도하라'(눅 6:28)라는 말과 '너희를 박해하는 자를 축복하라 축복하고 저주하지 말라'(롬 12:14)는 말이 있다. 말씀 그대로 예수님의 사도인 바울은 그리스도의 삶의 자세를 배우고 그것을 실천했다.

물론 입으로 말하는 것만큼 간단한 일이 아닌 것은 분명하다. 그러나 이러한 생각들이 조금이라도 많은 사람들의 마음으로 스며들어 갈 수 있도록 나는 기도하고 또 기도한다.

평화를 이루는 자

———— 신약성경 마태복음 5~7장은 '산상수훈'이라는 이름으로 널리 알려져 있다. 특히 5장은 복음에 대해 적혀 있다.

> 심령이 가난한 자는 복이 있나니
> 천국이 그들의 것임이요
> 애통하는 자는 복이 있나니
> 그들이 위로를 받을 것임이요
> 온유한 자는 복이 있나니
> 그들이 땅을 기업으로 받을 것임이요
> 의에 주리고 목마른 자는 복이 있나니
> 그들이 배부를 것임이요

긍휼이 여기는 자는 복이 있나니

그들이 긍휼히 여김을 받을 것임이요

마음이 청결한 자는 복이 있나니

그들이 하나님을 볼 것임이요

화평하게 하는 자는 복이 있나니

그들이 하나님의 아들이라 일컬음을 받을 것임이요

의를 위하여 박해를 받은 자는 복이 있나니

천국이 그들의 것임이라

나로 말미암아 너희를 욕하고 박해하고

거짓으로 너희를 거슬러 모든 악한 말을 할 때에는

너희에게 복이 있나니

기뻐하고 즐거워하라

하늘에서 너희의 상이 큼이라

너희 전에 있던 선지자들도

이같이 박해하였느니라

_마 5:3-12

　여기 기록된 말씀처럼 '화평하게 하는 자'는 복을 받을 수 있고, 하나님의 아들이라 불리게 된다.

절대로 잊어서 안 되는 것은 기도만으로는 평화를 얻을 수 없다는 것이다. 우리들은 스스로가 평화를 '만드는' 자가 되어 행동으로 옮겨야만 한다.

세상을 큰 강으로 비유한다면 그곳에서 생활하는 우리들은 한 방울의 물방울에 지나지 않을 것이다. 우리들의 힘은 물론 미약할지 모르겠지만 결코 무력하지는 않다. 한 사람, 한 사람이 미약한 힘을 결집시켜 평화를 갈구하는 마음을 하나로 모으면 반드시 큰 힘이 된다.

그러나 세상을 바라보면 미움과 증오의 고리가 도저히 구원받기 어려울 정도로 퍼져 나가 인간들끼리 끝없는 살육을 반복하고 있다.

일례로 얼마 전, 르완다에서 발생한 츠치족과 후투족의 살상을 들 수 있다.

르완다는 기독교 선교가 대성공을 거둔 나라로, 주민의 80%가 기독교 교인이다. 그런데 식민지 시절부터 시작된 민족 간의 증오가 끝없이 팽창해 이웃끼리 서로를 죽이는 최악의 상황을 초래했다.

그런 절망적인 상황으로 전락한 르완다이지만, 일부에서는 살해한 쪽 사람들이 살해당한 쪽 가족들을 찾아가 사죄하고, 유족

중에는 그 사죄를 받아들인 사람들도 있다고 한다. 살상이 일어나기 전과 같이 민족의 차이를 극복하고, 서로가 손을 잡고 새 출발을 모색하려고 하는 것이다.

미움의 고리를 잘라 내버리는 것이 결코 쉬운 일은 아니지만 미움을 품고 살면 더한 미움밖에 낳지 않는다. 역시 어딘가에서의 용서가 필요하다.

양자의 화해를 실현시키기 위해 각국의 기독교 단체가 현지로 들어와 각종 화해 프로그램을 실시하고 있다. 이러한 흐름은 기독교 신앙이라는 바탕 위에서 가능한 일이라고 생각한다.

인도 건국의 아버지 간디가 행한 비폭력주의는 워낙 유명한데, 그의 사상은 일부 '산상수훈'의 영향을 받았다고 알려져 있다.

그는 남아프리카 시절, 현지 교회를 다녔었다. 그러나 피부색이 원인이 되어 교회에서 내쫓겼고 이후 교회에는 절대로 가지 않겠다고 결심한다. 그럼에도 불구하고 자신이 가장 큰 영향을 받은 것은 성경이라고 공언하고 있다.

간디의 생각에 영향을 받은 인물이 미국의 마틴 루터 킹 주니어 목사님이다. 그도 간디와 마찬가지로 비폭력주의를 내걸고 인종차별을 근절시키기 위하여 헌신적인 인생을 보냈다.

비폭력을 내건 두 사람이 암살이라는 폭력으로 사망한 것은 아이러니한 일이지만 간디의 행동이 인도의 독립을 초래했고, 킹 목사님의 존재가 공민권 운동에 커다란 영향을 미쳤다고 생각하면 폭력적인 저항을 하지 않았던 두 사람의 진정한 힘을 알 수 있다.

앞서 말했던 것처럼 이 세상에는 진 것같이 보이는 일이 나중이 되어서는 승리의 전조였다는 것을 알게 되는 경우가 있는 것이다.

교회를 찾아오는
다양한 사람들

─────── 범죄인에 대한 전도의 일환으로 피고의 정상참작인으로서 재판에 출정하는 일이 있다. 물론 목사로서 증언대에 서는 것이지만, 심술궂은 검사를 만나기라도 하면 때로는 굴욕적인 경험을 할 때도 있다.

"목사라고 하면서, 전과가 있으시네요."

이런 말을 아무렇지도 않게 입에 담는 검사가 있다. 그런 때는 이것도 옛날에 저지른 죗값이라고 생각하고, 다음과 같이 말하고 있다.

"그렇습니다만, 하나님을 만난 지금은 목사로서 피고와 같은 사람들을 도우려고 하고 있습니다. 이 사람들이 새롭게 살기 위해서는 예수님의 사랑밖에는 없습니다. 저를 봐주십시오. 어떻게 저 같은 사람이 정상참작인으로서 이곳에 설 수가 있었겠습니까. 불과 몇 년 전만 해도 피고인석에 앉아 있던 인간이었습니다. 교회의 목사로서 저는 지금 여기에 와 있습니다. 과거의 전과는 이미 과거의 것입니다."

이런 일이 생길 때마다 내가 아무리 지나간 잘못을 뉘우쳐도 실제 사회에서는 과거를 완전히 지울 수 없다는 것을 실감한다.

교도소 안에서 성경을 접하고 반드시 인생을 새롭게 살겠다고 맹세하며 출소하는 사람은 많다. 그러나 그 모두가 그 맹세대로 갱생할 수 있는가 하면 그런 일은 없다고 단언한다. 같은 말을 반복하지만 범죄자라는 과거를 등지고 인생을 새롭게 고쳐 사는 것은 실로 어려운 일인 것이다.

이전에 서신을 주고받던 재소자가 출소 후 우리 교회에서 거주했던 적이 있다. 내가 소속했던 조직의 일가라는 연으로 그는 나를 "선배"라고 불렀다. 그의 첫 번째 목표는 하루빨리 일을 찾아서 아파트로 주거를 옮기는 일이었다. 그러나 어떤 일을 시작해도 금방 그만두는 탓에 이사의 꿈은 요원했다.

그런 나날이 계속되는 동안 본인도 어찌해야 좋을지 앞이 보이지 않았을 것이다. 우리 교회 식구들에게는 비밀로 부치고 다시 야쿠자 사무실 출입을 시작한 것이었다.

평소에는 분노의 감정을 품지 않으려고 노력하는 나였지만, 그 사실을 알았을 때만큼은 도저히 화를 삭일 수가 없었다.

"교회를 이용하다니! 야쿠자가 되든지, 일반인이 되든지, 어느 쪽이든 확실하게 정해!"

이렇게 강하게 말하자 그는 야쿠자 탈퇴신청서를 경찰에 제출하는 길을 선택했고 "앞으로는 교회 한길로 살겠습니다"라고 약속했다. 그래도 한곳에서 지속적으로 일을 하지 못하는 습성은 고쳐지지 않았다.

어느 날 그가 "오늘 쉬는 날인데, 선배 자전거 좀 빌려주세요"라고 말했다. 기분전환으로 바람이라도 쐬러 나가는가 생각했는데, 아무리 기다려도 돌아오지 않았다. 그는 내 자전거를 탄 채 그대로 어딘가로 사라져버렸다.

수개월 후, 갑자기 그로부터 연락이 왔다.

"선배, 죄송해요……."

"너 도대체 앞으로 어떻게 할 건데? 어쨌든 집 열쇠랑 자전거는 가져와!"

그에게는 얼마간의 돈도 빌려주었었다. 꼭 돌려받지 않아도 괜찮았지만 분명하게 결론을 지어야 한다고 생각한 나는 빌려준 돈도 깔끔하게 돌려받겠다고 덧붙였다.

그로부터 수일 후 그가 교회를 찾아왔다. 빌려 간 것은 돌려주었지만 이전과 달리 별다른 말도 없이 떠나버렸다. 그는 새롭게 살아보겠다는 마음 자체를 포기한 것이었다.

이런 바람을 말한 여성도 있었다.

"근처에 재수 없는 인간이 있는데, 신도 씨가 좀 물리쳐주세요."

그녀의 경우 목사인 나에게 도움을 요청하러 온 것이 아니라, 야쿠자였던 나에게 도움을 요청하러 온 것이었다.

"경찰서로 가세요. 난 야쿠자도 아니고, 게다가 왜 내가 그런 싸움에 끼어들어야 하나요."

그렇게 조용히 말하자 "착한 척하고 있네! 기껏해야 똘마니 주제에"라고 소리치며 전화를 끊어버렸다.

한번은 이런 경우도 있었다.

그 남자로부터 편지를 받은 것은 그가 큐슈의 교도소에 있을 때였다. 편지를 읽은 나는 그 내용에 놀라움을 금치 못했다.

성경도 열심히 읽고 있는 듯했고 해석도 놀라웠다. 물어보니 목사님이 매월 교도소에 면회를 와준다는 것이었다.

'그래서 이토록 성경 이해를 잘하는 걸까……'

감탄한 나는 그런 사람이라면 갱생할 수도 있겠다고 느꼈다.

출소 날이 다가오자 그는 내 곁으로 오고 싶다는 말을 꺼냈다. 우리 교회는 가라오케 선술집이었던 장소를 그대로 교회로 사용하고 있는 곳으로, 있는 것은 신앙과 희망, 그리고 사랑뿐이었다. 그렇기에 그에게 사는 동네에 다닐 만한 교회가 있다면 그곳을 다니는 게 좋겠다고 충고했다.

그러나 본인은 우리 교회에서 새로운 삶을 시작해보고 싶다며 한발도 물러서지 않았다.

"저도 신도 목사님과 같은 세상에서 놀았던 인간이니까 본받아 1부터 다시 시작하고 싶습니다."

그렇게까지 말하는데 나도 더 이상 거절할 이유는 없었다.

"좋아, 그렇게 해보자"라는 대답을 보내고 교회에 오는 것을 승낙했다. 그러나 그 뒤가 좋지 못했다. 그가 이렇게 말을 덧붙였다.

"그런데 지금 소지한 돈이 만 엔밖에 없는데, 신칸센 요금을 내려면 2만 엔이 부족합니다. 무슨 방법이 없을까요?"

정말로 올 마음이 있다면 일반 열차를 타고 올 수도 있고, 히치하이크 같은 방법도 생각할 수 있다. '이상스러운 부탁이구나' 생각하면서도 단 한 번 처음 하는 부탁이려니 하고 생각을 고쳐먹고 2만 엔을 보내주었다.

돈을 보내고 일주일이 지났다. 그러나 아무리 기다려도 그는 내 곁으로 오지 않았다. 이리 되면 거의 사기당한 것이나 다름이 없었다. 그러다 그가 간신히 모습을 보인 것은 송금한 지 2개월이나 지난 후였다.

고리대금업을 시작한 그는 돈을 받으러 도쿄에 나온 모양으로, 교회에 오는 것이 목적은 아니었다. 게다가 송금받은 2만 엔에 대한 말은 일체 하지 않고, 다른 약간의 이야기만 나눈 후 일을 핑계 대고 아무 일도 없었다는 듯 떠나버렸다.

교도소 안에서 아무리 작정하고 개심을 해도 세상 밖으로 나오면 생각을 다시 휙 바꿔버리는 사람들이 많다. 애석한 이야기지만 똑바로 새로이 설 수 있는 사람은 일부에 지나지 않는다.

'새롭게 살고 싶다'는 마음은 결코 거짓이 아니었다고 생각한다. 예수님을 믿고 싶다는 마음 역시 그때에는 진심이었을 것이다. 그러나 현실은 많은 사람들이 다시 교도소로 돌아간다.

서신 교환 후 출소하여 그 후 다시 교도소에 들어갈 만한 그런 죄를 범한 사람에게는 나는 아무것도 하지 않기로 했다. 마음을 고쳐먹고 새롭게 살고 싶어 하는 사람에게는 아낌없는 지원을 보내고 싶지만, 그 사람이 타락하여 다시 교도소로 들어가는 경우 우리들은 그 이상의 지원을 할 수가 없다.

물론 재출소하여 스스로의 결의로 교회를 다시 찾아오는 사람은 받아들이지만, 두 번째까지 이쪽에서 편지를 보내는 일은 하지 않는다. 말은 좀 거칠지만 자신이 한 짓은 스스로 뒤를 닦고 책임지라는 말이다. 이런 경우 하나님을 믿습니다, 선언하고 교회를 다님에도 불구하고 다시 죄를 지어 교도소로 돌아간 것인데, 그때 우리들이 그 사람을 다시 지원해준다면 그것은 폭력단이 복역 중인 조직원을 지원하는 것과 다름이 없어진다.

몇 번이나 말해왔지만 신용 회복은 쉬운 일이 아니고, 한 번 잃은 신용을 회복시키기 위해서는 차근차근 힘든 노력을 쌓아나가야만 하는 것이다. 거듭 회개를 하는 것이라면 거듭 응원해주고 싶다. 그러나 그때에는 이전보다 더한, 험한 길을 넘어가야만 한다.

교도소 강연의 소망

─────── 얼마 전의 일인데, 나에게 강연을 해줬으면 좋겠다고 타진해온 사람이 있었다. 강연회장은 놀랍게도 내가 이전에 복역했던 교도소였다. 꼭 받아들이고 싶었지만 전과 있는 사람을 스피커로 세울 수 없다는 방침으로 무산되고 말았다.

나에게 강연을 시키려던 사람은 나를 갱생에 성공한 좋은 표본이라고 생각해주었던 모양이다. 과거의 죄인으로서 징역수들의 좋은 표본이 되고 싶다는 생각을 하고 있는 나로서는 꼭 실현시키고 싶었던 의뢰이기도 했다.

교화사의 대부분은 재소자 신분으로 교도소에 들어온 경험이 없다. 죄를 범하고 몇 년이나 징역 생활을 하고 있는 사람의 마음은 역시 같은 경험을 한 사람이 아니면 알 수 없을 것이다.

나 자신도 그랬지만 재소자들의 마음속에는 '담담하고 성실하게 살아온 목사가 내 기분 따위 알 리가 없지'라는 경시하는 감정이 있다. 그렇기 때문에 더욱 나와 같은 조건의 목사에게도 재소자들을 향해 말을 할 기회를 주었으면 하는 것이다.

한편 최근에는 전국의 교화사 쪽에서 편지나 전화를 받는 일이 많아졌다. 교화사의 상담역으로 조금이라도 도움을 줄 수 있다고 생각하니 기쁜 마음이 든다.

내 경우는 강연 허락을 받지 못했지만, 교도소에 따라서는 다소의 견해 차이가 있는 모양으로 현재 실로암그리스도교회의 스즈키 목사님은 후츄 교도소의 교화사로서 활약하고 있다.

나 역시 허락만 한다면 교도소 안에서 전도를 하고 싶다. 하나님을 향한 변함없이 충실한 마음을 가지고 있으면 어머니가 운영하던 가라오케 선술집이 교회로 바뀌는 것처럼, 교도소 전도에 관해서도 반드시 길이 열릴 날이 올 것이라 믿는다. 그날이 올 때까지 지금처럼 서신 면회 형식으로 재소자들과의 교신을 계속해서, 한 사람이라도 더 회개의 길로 이끌고 더 많은 사람들이 하나님께 구원을 얻도록 할 생각이다.

교도소 전도가
가져다준 기적

───── 무기징역형을 받은 자는 이 세상에서의 형기 만료의 날이 없다. 명이 다하는 날까지 자신이 저지른 죄를 마주 보고 속죄하며 살아가야 한다.

이전에는 무기징역이라도 15년만 살면 가석방되는 경우도 드물지 않았다. 그러나 2004년 형법 개정으로 최고의 유기형이 30년까지 늘어났기 때문에, 현재는 30년 이내에 가석방되는 일은 없어졌다. 그리고 모든 무기징역인에게 가석방 결정이 내려지는 게 아니기 때문에, 무기징역형을 받으면 최후 옥중에서 일생을 보낼 가능성이 높다.

그렇다고 해서 무기징역인에게 희망이 아예 없지는 않다. 하나님을 믿고 그리스도 예수를 믿고 따르며 모범수로 살아갈 수 있으면, 그 사람은 비록 교도소에 있더라도 예수의 가르침을 세상에 전하는 전도자가 되는 것이다.

실제로 사형수 중에 이런 이야기도 있다.

어느 사형수가 한 목사님과 서신 교환을 시작했다. 수감자가 주고받는 모든 서신은 검문을 받는다. 애초에 사형수가 기록하는 내용은 그다지 의미 깊은 것이 아니어서, 직설적으로 말하자면 지루했다고 한다.

그러나 시간의 경과와 함께 사형수의 마음에도 변화가 생겼다. 그는 목사님과 서신을 주고받으면서 성경을 정독하게 되었고, 점차 빠져들어 갔다. 그러자 그 자신의 행동거지에도 변화가 나타났고, 그 변화를 본 교도관을 감동시켰다. 그의 서신을 검문하던 교도관도 그가 기록하는 내용을 읽는 동안 예수님의 강한 힘을 느끼기 시작했다. 사형수는 후에 세례를 받게 되는데, 놀랍게도 늘 서신을 검문하던 교도관도 언제부터인가 기독교에 배척하기 어려운 매력을 느끼고 교회를 나가기 시작했다고 한다.

성경에는 '이같이 너희 빛이 사람 앞에 비치게 하여 그들로 너희 착한 행실을 보고 하늘에 계신 너희 아버지께 영광을 돌리게 하라'(마 5:16)는 말씀이 있다. 우리들의 올바른 행실 하나하나가 결과적으로 하늘 아버지를 향한 예배로 이어져 간다.

사형이라는 극형을 선고받았다 할지라도 스스로가 올바른 행동을 실천함으로써 같은 수용자들뿐만이 아니라 교도관까지 구원할 수 있는 것이다.

한국에서도 비슷한 일이 일어났다. 연쇄살인을 저지른 김대두라는 사형수가 있었는데, 그는 수감 후 회개하고 올바른 행동을 실천하며 하나님의 존재를 알렸고, 사형이 집행될 때까지 그와 접촉한 몇십 명이나 되는 사람들을 세례로 이끌었다고 한다.

그리스도 예수의 가르침을 따르면 어떤 악인이라고 할지라도, 어떤 살인자라고 할지라도, 새로운 생명을 얻을 수 있고 나아가서는 새로운 인생을 걸어갈 수 있다.

무기징역인들의
친구

──────── 지금까지 6년간 계속해왔던 교도소 전도를 통해 느낀 점은 사형수나 무기징역인들이 하나님을 대하는 자세가 얼마나 진실한가였다. 살아서는 교도소 밖을 나갈 가능성이 희박한 사형수나 무기징역인들은 신앙의 절실함을 더욱 강하게 실감하고 있는 것이라 생각한다.

 죽을 때까지, 아니면 30년 이상이나 교도소에서 살아가야 하는 그들이 목사님들과의 서신을 통해 교도소 측의 환심을 사려고 계획하기는 어렵다. 보통은 지상에서의 물질적인 행복을 포기하고 죽은 후인 천국을 향한 소망을 갖고 싶다는 열망이 강해, 편지의 내용도 정말로 순수하기만 하다.

 내가 면회를 갈 때도 그들은 천사가 내려온 듯한 얼굴을 하고,

눈을 반짝이며 내 이야기를 경청한다.

현재 내가 서신을 주고받고 있는 무기징역인 중에 M이라는 사람이 있다. 그는 어린 시절부터 부모의 학대를 받고 성장하면서 비행으로 치달은 사람이었다.

그가 저지른 죄는 살인이었다. 똘마니 그룹끼리의 싸움이 벌어졌는데, M이 상대편 그룹 중 한 명을 죽이게 되어 무기징역형을 받았다.

살해당한 상대편은 주변의 두려움을 크게 샀던 인물이었다. M의 주변에 함께 있던 그룹의 사람들은 살해당한 상대편의 보복이 두려워 그 후 M으로부터 도망을 쳤다고 한다.

M은 어린 시절부터 당한 학대 탓인지, 성격적으로 타인과의 원활한 소통이 어려웠다. 그 때문에 감옥 생활도 15년이나 보냈음에도 불구하고, 교도소 안에서조차 친구라고 불릴 만한 사람이 한 명도 없었다. 가족과의 관계도 끊어지고, 옥중에서도 친구가 없다. 그는 정말로 고독한 사람이었다.

그러다가 내가 일찍부터 서신을 주고받던 어느 미결수의 판결이 내려졌고, 그 남성이 M이 수용된 도후쿠 교도소에 배치되었던 것이다. 우연히 같은 방을 쓰게 된 M은 그 남자로부터 나의 존재를 알고 편지를 보내게 되었다.

교도소 안에서도 마음을 열 수 없었던 저이지만, 신도 씨와는 서신 연락을 하고 싶습니다.

처음 받은 편지에는 그렇게 쓰여 있었다.

당신에게 필요한 것은 당신을 정말로 이해해줄 친구입니다. 내가 그 친구가 되겠습니다.

이렇게 우리들의 서신 연락이 시작되었다.
앞으로 M이 가석방을 인정받을지 어떨지는 아무도 모른다. 그렇다고 해도 살아가면서 희망을 잃을 필요는 전혀 없다는 말을 M에게 전해주고 있다.
그리스도를 믿은 M이 지금까지와는 다르게 밝아지고 모범수로서 생활을 보내게 된다면, 교도관이나 같은 방 동료들도 하나님의 존재를 깨닫게 될 수 있고, 그것은 하늘 아버지에게 영광 돌리는 일로 이어진다. 그리스도인으로서 그것보다 희망으로 넘치는 상황은 없을 것이다.
예수님을 믿는 자가 "하나님은 살아계십니다!"라고 아무리 말로 설명해도 주위 사람들을 설득하기는 무척 어렵다. 그러나 성경의 말씀을 실천하고 삶 그 자체로 하나님의 존재를 알릴 수 있다면 그쪽이 훨씬 더 설득력이 있다.

나는 1년에 한 번 M을 만나러 도후쿠 교도소로 발걸음을 한다. 그때마다 늘 성경의 실천이 중요하다는 것을 이야기하며 그를 격려하고 있다.

죄인들을
줄이기 위해서는

─────── 교도소 전도를 통해 지금까지 100여 명 이상의 사람들과 서신을 나누고 면회를 다녔다. 그중 수십 퍼센트 정도가 출소 후 교회에 나왔고, 그중 몇 명은 교회에 남았다. 그리고 교회에 남은 자들 중에서도 극히 한 줌의 사람들만 세례를 받았다.

교도소 전도를 한다고 해서 누구나 모두 기독교 성도가 되는 것은 아니지만, 그들의 삶을 뉘우치게 하는 데 조금이라도 도움이 되어 다시는 죄로 손을 더럽히지 않기를 바라는 마음이 크다. 죄 깊은 생활에서 벗어나는 일은 얼룩을 빼는 작업과 비슷하여, 죄에 물든 기간이 길면 길수록 깨끗한 생활로 돌아오기까지 시간과 수고는 길어진다.

재범률이 높아지는 것만 보아도 알 수 있듯이 교정 시설인 교도소에 들어갔다고 해서 가해자가 갱생되는 것이 아니다. 그리고 피해자 측 케어에 대해서는 자주 거론되지만 가해자에 대한 케어는 소홀히 여겨지는 상황도 있다.

사회 범죄를 줄이려면 현재 징역을 살고 있는 사람들의 마음을 바꿔 재범률을 줄이는 것이 지름길이다. 그 일을 위해서라도 그리스도의 힘으로 재소자들에게 회개의 마음을 열어줄 필요가 있다.

교도소에 처박아두면 재소자들이 순순히 반성하고 갱생해서 나간다는 생각은 환상에 지나지 않는다. 행정면에서 갱생 프로그램을 도입했음을 어필하지만 실제로는 거의 도움이 되지 않는다. 그 점은 나 스스로의 체험으로도 증명할 수 있으니 분명한 사실이다. 아무리 관공서적인 갱생 프로그램을 도입한다고 해도 진심에서 우러나온 반성이 없는 한 진정한 갱생은 없다.

사람에 따라 새롭게 일어서는 방법과 미래를 향한 목표는 각자 다른 것이 사실이지만 그 저변에 깔려 있어야만 하는 것은 얼마큼의 진정성이 있느냐이다. 그리고 목사로서 한마디 덧붙인다면 무슨 일이 있어도 '하나님께 의지한다'는 굳센 마음이 중요하다.

하나님을 믿고 구원을 구하며 끊임없이 기도하면 반드시 어두운 마음 한편으로 하늘로부터의 빛이 비쳐질 것이다. 그 빛은 하나님 그분이시니, 그 빛을 잃지 않도록 애써 나아가야 한다.

하나님의 은혜로 마음속에 켜진 빛은 처음에는 흐릿흐릿 보이는 먼 빛일지 모르지만, 일단 한 번 비춰진 하나님의 빛은 꺼지지 않는다. 꺼지기는커녕 그 빛은 점점 더 넓고 밝게 번져간다. 이 빛을 따라 언제 어디에서라도 하나님께 의지하며 열심히 충실하게 살아가다 보면 하나님은 분명히 길을 열어주신다.

© Naoki Shirai

에필로그

'죄인의친구주예수그리스도교회'에는 현재 죄를 짓고 4년의 집행유예 판결을 받은 젊은이가 마음을 다잡고 갱생의 삶을 위해 거주 중이다.

지금까지 두 번이나 소년원에 들어간 적이 있는 그의 과거를 뒤돌아보면 원래는 실형 판결이 내려져도 전혀 이상한 일이 아닌 상황이었다. 그런데 집행유예 판결이 나온 것이다. 재판관은 상당히 망설였음에 틀림이 없다. 낭독되는 판결문을 들으면서 신원보증인이 있는 점, 피해 금액은 본인이 일해서 변제하겠다고 약속한 점이 집행유예 판결의 결정타였다고 생각했다.

재판관에 의한 판결문 낭독을 들을 때 아직 젊은 그의 인생의 재출발에, 나는 나 자신을 오버랩시키지 않을 수가 없었다.

교회에서의 숙식 생활은 극히 소소한 일상이다.

저녁 무렵이 되면 근처 슈퍼에 식료품을 사러 가고, 함께 만든 저녁을 먹고 나면 우리들은 목욕탕을 간다. 약간의 문신을 새긴 그의 등과 윤곽만 새긴 내 팔이 나란히 앉아 있는 모습은 두목과 부하, 아니면 형님과 사제로 보일 것이다.

목욕탕에서는 젊은이와의 사이에 규칙이 있다. 처음 목욕탕에 갔을 때 젊은이는 내 등을 씻어주려고 했다. 그도 불량한 길을 걸어서 연장자 섬김이 몸에 배어 있었다. 그러나 우리들 사이에서는 내가 먼저 젊은이의 등을 밀어주기로 정했다.

최후의 만찬 때, 예수 그리스도께서 제자들의 발을 씻어주는 일화가 성경에 나온다. 발을 씻어준다는 것은 원래 노예의 일이다. 당연히 제자들은 사양했지만 예수님은 "내가 너를 씻겨주지 않으면 너는 나와 아무 상관이 없다"고 말씀하시며 한 명, 한 명의 제자들의 발을 씻어주셨다. 예수님을 본받아 나는 이 젊은이에게 실천하고 싶다고 생각했다.

성경에는 '너희 중에 큰 자는 너희를 섬기는 자가 되어야 하리라'(마 23:11)라고 쓰여 있다. 이 말씀을 받들어 젊은이의 등을 씻어줌으로써 스스로가 오만에 빠지지 않도록 경계하며 동시에 예수 그리스도의 삶을 이 젊은이에게 알려주고 싶은 것이다.

목욕탕 안에서 아무것도 걸치지 않고 서로 마주하는 것은 확실히 사람과 사람 사이의 거리를 좁혀준다. 젊은이에 대한 사랑스러움, 그리고 안타까움을 느끼는 한때도 있다.

처음에 젊은이는 등을 씻겨주는 것에 대해 '당치않은 일'이라며 당황한 모양이었지만, 이제는 내 의도를 이해한 듯 지금은 점잖게 등을 내어주고 있다.

"시간에 쫓기지도 않고 이렇게 따뜻한 물에 잠겨 있으니, 너무 행복하네요⋯⋯."

목욕탕 안에서의 시간만큼은 나도, 그 젊은이도, 말이 많아진다. 아마 구치소 안에서 시간에 쫓기며 목욕을 했던 기억이 떠올랐기 때문일 것이다.

"일상의 평범한 생활이 바로 행복이야. 일상 속의 예수님을 느껴보자."

나는 그렇게 대답하고 젊은이의 등에 물을 끼얹었다.

집행유예 판결이 나온 지 약 2주 후, 젊은이는 폐기물 처리업체의 일을 찾았다. 그는 일을 시작하고 난 후부터 아침 일찍 일어나 육체노동을 하러 나간다. 당면 목표는 변제금을 저축하는 것과 자립을 위한 아파트 살이가 가능해지게 만드는 일이다.

온 지 얼마 안 되었을 무렵에는 어디부터 손을 대야 할지 아무 생각도 없어 보였지만, 최근에는 표정도 풍성해지고 온화한 느낌마저 풍기게 되었다.

예수님이 지상에서 얻은 전도의 기쁨은 우리들처럼 과거에 저지른 범죄로 멸시받았던 사람들의 구원을 확인하는 일이었음에 틀림없다.

앞으로도 목사로서 하고 싶은 일은 많이 있다.

예를 들면 여러 명의 목사님과 연합하여 함께 '매일 교회'라고 하는 것을 해보고 싶다. 매일 교회인 만큼 매일 다른 목사님이 설교를 하고, 삶의 실제적인 문제들도 상담해줄 수 있는 시설을 만드는 것이다. 은둔형 외톨이에 대한 대응이 가능한 목사, 비행 문제에 정통한 목사 등등 요일에 따라 봉사를 해준다면 더 많은 사람들이 구원을 받을 것이다.

또 출소자들의 사회 고용을 위한 농장 시설을 만들어 시골에서 작업을 하며 그들을 약물중독에서 회복시켜나가고 싶다는 꿈도 있다. 그리고 출소자들의 생계와 고용적인 면을 위해서 레스토랑 교회를 운영하고, 주말에는 결혼식이 열리는 교회를 열고 싶다는 생각도 하고 있다.

그 밖에 작은 집회나 학교, 어디서든 불러만 준다면 기쁜 마음으로 발걸음을 할 생각이다. 인생 갱생, 비행 방지, 중독 문제 등등 스스로의 체험과 신앙을 밑천으로 이야기를 나누고, 한 사람이라도 구원받고 더 많은 사람들에게 도움이 되는 활동을 하고 싶다.

만약 내게 요청할 일이 있으면 홈페이지 내에 기입되어 있는 메일 주소로 연락을 바란다.

어떤 일들을 새롭게 시작한다고 해도 나에게 부여된 사명은 바뀌지 않는다. 앞으로도 모든 사람들과 함께 울고, 함께 웃으면서 그들 인생의 조력자로 남는 일이 나의 역할이다.

홀로 괴로워하는 사람, 구원을 원하는 사람, 용서받고 싶은 사람 등 다양한 사연의 사람들이 있다고 생각한다. '죄인의친구주예수그리스도교회'의 문은 어떤 사람들에게든 다 열려 있다.

언제든 찾아와주면 좋겠다.

그래도 인생은
고쳐 쓸 수 있어
(원제 : 人はかならず、やり直せる)

1판 1쇄 2021년 10월 15일

지은이 신도 타츠야
옮긴이 박영난

발행인 박영난
디자인 올콘텐츠그룹
발행처 도서출판 영난
주소 서울시 관악구 호암로 417 105동 1201호
전화 02-882-5712
팩스 0504-319-5712
출판 등록 2020년 4월 14일 (제2020-000027호)
이메일 yn_books@naver.com

ISBN 979-11-975383-0-8 03230

※ 책값은 뒤표지에 표시되어 있습니다.
※ 이 책 내용의 전부 또는 일부를 재사용하려면 반드시 저작권자와 도서출판 영난 양측의 서면 동의를 받아야 합니다.
※ 잘못 만들어진 책은 구입하신 곳에서 바꾸어 드립니다.